AUTISMO

Dados Internacionais de Catalogação na Publicação (CIP)
(Câmara Brasileira do Livro, SP, Brasil)

Pontis, Marco
    Autismo : o que fazer e o que evitar : guia rápido para professores e professoras do Ensino Fundamental / Marco Pontis ; tradução de Moisés Sbardelotto. – Petrópolis, RJ : Vozes, 2022. – (Coleção O que fazer e o que evitar)

    Título original: Autismo : cosa fare e non

    Bibliografia.

    8ª reimpressão, 2025.

    ISBN 978-65-5713-593-8

    1. Autismo em crianças 2. Educação inclusiva 3. Ensino Fundamental 4. Professores – Formação 5. Transtornos do Espectro do Autismo (TEA) I. Título.

22-101210
                                                          CDD-371.94

Índices para catálogo sistemático:

1. Crianças com Transtorno do Espectro do Autismo :
Educação inclusiva   371.94

Cibele Maria Dias – Bibliotecária – CRB-8/9427

Marco Pontis

AUTISMO

O QUE FAZER (E O QUE) EVITAR

guia **RÁPIDO**
para professores do
ENSINO FUNDAMENTAL

Tradução de Moisés Sbardelotto

EDITORA VOZES

Petrópolis

© 2021, by Edizioni Centro Studi Erickson S.p.A., Trento (Itália)
www.erickson.it
www.erickson.international

Tradução do original em italiano intitulado *Autismo – Cosa fare e non – guida rapida per insegnanti*

Direitos de publicação em língua portuguesa – Brasil:
2022, Editora Vozes Ltda.
Rua Frei Luís, 100
25689-900 Petrópolis, RJ
www.vozes.com.br
Brasil

CONSELHO EDITORIAL

Diretor
Volney J. Berkenbrock

Editores
Aline dos Santos Carneiro
Edrian Josué Pasini
Marilac Loraine Oleniki
Welder Lancieri Marchini

Conselheiros
Elói Dionísio Piva
Francisco Morás
Teobaldo Heidemann
Thiago Alexandre Hayakawa

Secretário executivo
Leonardo A.R.T. dos Santos

PRODUÇÃO EDITORIAL

Aline L.R. de Barros
Anna Catharina Miranda
Eric Parrot
Jailson Scota
Marcelo Telles
Mirela de Oliveira
Natália França
Priscilla A.F. Alves
Rafael de Oliveira
Samuel Rezende
Verônica M. Guedes

Editoração: Elaine Mayworm
Diagramação: Sheilandre Desenv. Gráfico
Ilustrações: Carciofo Contento
Revisão gráfica: Alessandra Karl
Capa: Edizioni Centro Studi Erickson S.p.A.
Arte-finalização: Érico Lebedenco
Ilustração de capa: Carciofo Contento

ISBN 978-65-5713-593-8 (Brasil)
ISBN 978-88-590-2418-7 (Itália)

Este livro foi composto e impresso pela Editora Vozes Ltda.

SUMÁRIO

Apresentação, **7**

Introdução, **9**

Interação social, 31

CAPÍTULO 1 Evita o contato visual, **32**

CAPÍTULO 2 Age de forma estranha nas relações, **40**

CAPÍTULO 3 Não compartilha atividades e interesses, **48**

CAPÍTULO 4 Prefere ficar sozinho, **54**

CAPÍTULO 5 Tem dificuldade de pôr-se no lugar dos outros, **62**

Comunicação, 73

CAPÍTULO 6 Tem dificuldade de comunicação, **74**

CAPÍTULO 7 Não segue normas de conversação, **84**

CAPÍTULO 8 Não entende senso de humor e ironia, **92**

CAPÍTULO 9 Repete palavras e frases, **98**

Comportamentos, interesses, atividades, 109

CAPÍTULO 10 Não brinca de "faz de conta", 110

CAPÍTULO 11 Não brinca por ter interesses particulares, restritos ou absorventes, 118

CAPÍTULO 12 Segue rituais rígidos e repetitivos, 124

CAPÍTULO 13 Tem dificuldade de lidar com as mudanças, 130

CAPÍTULO 14 Faz movimentos estereotipados, 136

CAPÍTULO 15 Tem dificuldade de separar-se de alguns objetos, 144

Referências, 153

APRESENTAÇÃO

Caros docentes,

Há quase vinte anos trabalho com transtornos do espectro do autismo e necessidades educacionais especiais, particularmente com a predisposição, o monitoramento e a avaliação de intervenções educacionais e didáticas personalizadas para crianças, adolescentes e adultos.

Desde 2010, trabalho com *Teacher Training*, ou seja, com a formação de professores sobre temas do ensino inclusivo para alunos(as) com necessidades educacionais especiais.

Minha experiência me deu a convicção de que apenas por meio de uma intervenção multidisciplinar em rede – o máximo possível coordenada e compartilhada entre todos os sujeitos que cuidam da criança com transtornos do espectro do autismo – é possível hoje melhorar concretamente sua qualidade de vida e a de todas as pessoas (colegas de classe, pais, familiares, educadores, terapeutas) que cotidianamente se relacionam com ela.

Cuidar de uma criança com transtornos do espectro do autismo pressupõe ir muito além do dado clínico. O funcionamento global de qualquer indivíduo é determinado por uma complexa interação entre fatores e dimensões biopsicossociais.

Cada criança é única e precisa de recursos concretos e eficazes que respondam às *suas* necessidades peculiares e sejam úteis à melhoria do *seu* funcionamento global específico. Observando mais de cem crianças com transtornos do espectro do autismo, notaremos que o diagnóstico é o mesmo para todas, mas o funcionamento global de cada uma é completamente diferente!

Este livro certamente pode ser útil também aos(às) professores(as) de apoio, educadores e assistentes de comunicação, mas foi pensado particularmente para os(as) docentes curriculares, figuras cruciais para favorecer a aprendizagem significativa e inclusiva (também) do(a) aluno(a) com autismo. Os docentes de sala de aula podem preparar suas próprias aulas adotando uma didática aberta, orientada à valorização das diferenças, universal, plural, acessível a todos e todas. O uso sistemático de alguns instrumentos simples em aula – como, por exemplo, suportes visuais (imagens, mapas, slides, vídeos) ou *checklists* – para todos os alunos aumenta notavelmente as possibilidades de compreensão e o prazer de participar ativamente, não só para os estudantes com autismo, mas também para muitos outros colegas de turma.

Daí nasce a ideia deste livro: um guia rápido e de pronta aplicação para docentes do Ensino Fundamental que tenham alunos(as) com autismo, que possa ajudá-los(as) a conhecer melhor essa condição, a observar de maneira focada as particularidades, os recursos e as fragilidades *daquela* criança, a implementar estratégias simples, mas eficazes, para melhorar a aprendizagem e o bem-estar em aula. De todos e todas.

INTRODUÇÃO

O transtorno do espectro do autismo

A descoberta do autismo é relativamente recente. Nos anos de 1940, Leo Kanner e Hans Asperger descreveram pela primeira vez esse transtorno, confundido até àquele momento com outras doenças mentais, como a esquizofrenia.

Desde então, foram dados passos enormes em relação tanto ao enquadramento diagnóstico quanto ao desenvolvimento de modelos de intervenção educativo-didática, reabilitativa e clínica, quanto ainda às estratégias, aos materiais e aos instrumentos específicos.

Hoje sabemos reconhecer o autismo, temos instrumentos válidos para o diagnóstico precoce, mas a pesquisa absolutamente não terminou: conhecemos pouco as causas, ainda não sabemos se é possível preveni-lo e não temos um tratamento resolutivo.

A palavra "autismo" deriva do grego *autós* ("si mesmo") e se refere a um conjunto de alterações do desenvolvimento cerebral que envolve um comprometimento das habilidades sociais, comunicativas e comportamentais. Os transtornos do espectro do autismo são considerados um conjunto (espectro), pois as manifestações variam amplamente em termos de tipologia e gravidade [1].

---

1 Ao longo do texto, para agilizar a leitura, falaremos muitas vezes de "autismo" e não de "transtornos do espectro do autismo".

Causas

Ainda hoje, não sabemos o que exatamente leva ao autismo, embora a pesquisa tenha feito progressos muito significativos. Pensa-se que, na origem desses transtornos, há *anomalias dos neurônios e das conexões entre eles.*

Hoje, está amplamente demonstrado que as causas dos transtornos do espectro do autismo não devem ser atribuídas nem a erros educativos nem a conflitos familiares. Não há provas da influência de fatores externos que ocorram após o nascimento: vacinações, alimentação, ingestão de substâncias tóxicas, interação com os pais.

As crianças autistas nascem com esse transtorno, e os pais não têm nenhuma responsabilidade por isso.

Características e sintomas dos transtornos do espectro do autismo

O manual diagnóstico mais credenciado (*DSM-5 Manual Diagnóstico e Estatístico dos Transtornos Mentais* da American Psychiatric Association), na sua última revisão[2], descreve os transtornos do espectro do autismo como caracterizados por um comprometimento grave e generalizado em duas áreas do desenvolvimento: a das capacidades de *comunicação e interação social*, e a dos *interesses* e das *atividades*.

---

2 APA (2013). DSM-5 *Diagnostic and Statistical Manual of Mental Disorders*. 5. ed. Washington: American Psychiatric Publishing [Trad. it. *DSM-5: Manuale diagnostico e statistico dei disturbi mentali*. Milão: Raffaelo Cortina Editore. Trad. italiana da 5. ed. de Francesco Saverio Bersani, Ester di Giacomo, Chiarina Maria Inganni, Nidia Morra, Massimo Simone, Martina Valentini].

Em relação aos *déficits na comunicação social e na interação social*, observa-se que as pessoas com autismo geralmente preferem ficar sozinhas. Quando interagem com os outros, muitas vezes evitam o contato visual e não utilizam as expressões faciais para estabelecer vínculos. Têm dificuldade de interpretar as expressões e os pensamentos dos outros e de entrar em sintonia com eles. Podem ter dificuldade de entender como e quando intervir em uma conversa e de reconhecer palavras inapropriadas ou deselegantes. Todos esses fatores fazem com que, frequentemente, os outros as considerem estranhas ou excêntricas, com o risco de serem isoladas.

Quanto à *comunicação verbal e não verbal*, nos casos mais graves as pessoas nunca aprendem a falar. Algumas vezes, pelo contrário, desenvolvem uma linguagem fluente, mas com um ritmo e um tom às vezes incomuns, ou utilizam as palavras de forma anômala. Muitas vezes, repetem palavras proferidas por outros (ecolalia), utilizam discursos estereotipados memorizados em vez de uma linguagem mais espontânea, ou invertem os pronomes, particularmente usando *você/tu* ou *lhe/te* em vez de *eu* ou *mim* para se referir a si mesmos.

Em relação à área dos *interesses e das atividades*, algumas pessoas com transtornos do espectro do autismo são muito relutantes às mudanças, por exemplo, novas comidas ou roupas, uma disposição diferente dos móveis, um imprevisto na cotidianidade. Muitas vezes, fazem movimentos repetitivos, como balançar-se, bater as mãos, girar os objetos (estereotipias motoras). Nas formas menos graves, podem assistir ao mesmo vídeo várias vezes ou insistir em comer a mesma comida em todas as refeições. Geralmente, têm interesses restritos "intensos" e muitas vezes insólitos. Por exemplo, uma criança pode mostrar um enorme interesse pelo aspirador de pó.

As pessoas com transtorno do espectro do autismo podem manifestar preferências alimentares limitadas e uma hipersensibilidade ou hipossensibilidade em um dos cinco sentidos (p. ex., indiferença à dor ou à temperatura, reações de pânico na presença de ruídos comuns, insistência incomum em cheirar ou tocar um objeto específico etc.). Podem buscar continuamente um estímulo sensorial específico: visual (como olhar os reflexos dos objetos), auditiva (bater os objetos em uma superfície), tátil (passar a mão em superfícies ásperas), gustativa (lamber ou colocar objetos ou partes dele na boca), proprioceptiva (parar em posturas bizarras), vestibular (girar ao redor de si mesmos, balançar-se etc.).

Níveis de gravidade do transtorno do espectro do autismo

No *DSM-5*, são identificados diversos níveis de gravidade do transtorno, que definem o grau de apoio necessário à pessoa:

- Nível 1: é necessário um apoio leve;
- Nível 2: é necessário um apoio significativo;
- Nível 3: é necessário um apoio muito significativo.

Há pessoas com potencial cognitivo, memória, capacidade de cálculo, habilidades musicais e matemáticas acima da média, mas, ao mesmo tempo, as pesquisas evidenciam que cerca de 30% dos sujeitos autistas têm uma deficiência intelectual. Alguns desenvolvem uma linguagem fluente e refinada, outros se comunicam por meio de poucas palavras-frases, vocalizações ou formas de Comunicação Aumentativa e Alternativa. Mesmo em pessoas com altíssimos níveis intelectuais, o comprometimento da reciprocidade social é muitas vezes a dificuldade mais significativa. De fato, na vida cotidiana, estamos constantemente imersos em situações sociais e devemos ser capazes de entender os outros e de responder de forma apropriada.

A estrutura do livro

O livro está estruturado em quinze capítulos, subdivididos em três macroáreas: *Interação social*; *Comunicação*; e *Comportamentos, interesses, atividades*.

Nesses capítulos, são analisadas as características e os comportamentos encontrados com mais frequência nessas macroáreas nas crianças com transtorno do espectro do autismo em idade escolar de seis a onze anos.

- **Interação social**
  1. Evita o contato visual
  2. Age de forma estranha nas relações
  3. Não compartilha atividades e interesses
  4. Prefere ficar sozinho
  5. Tem dificuldade de pôr-se no lugar dos outros
- **Comunicação**
  6. Tem dificuldade de comunicação
  7. Não segue normas de conversação
  8. Não entende senso de humor e ironia
  9. Repete palavras e frases

○ **Comportamentos, interesses, atividades**

10. Não brinca de "faz de conta"
11. Não brinca por ter interesses particulares, restritos ou absorventes
12. Segue rituais repetitivos e rígidos
13. Tem dificuldade de lidar com as mudanças
14. Faz movimentos estereotipados
15. Tem dificuldade de separar-se de alguns objetos

O motivo de cada comportamento é explicado no início em poucas frases sintéticas (*Por que faz assim?*), às quais se seguem indicações simples e claras para o(a) professor(a) sobre as atitudes a serem adotadas e a serem evitadas (*O que fazer, O que NÃO fazer*).

Segue-se um aprofundamento sobre o tema (*O que ter em mente*), e fornecem-se instrumentos e estratégias sobre *Como intervir* no que diz respeito a alguns aspectos educacionais e didáticos cruciais. Esse aspecto é ainda mais aprofundado nos parágrafos dedicados à *Estruturação*, e são traçadas linhas de colaboração com os pais e os outros operadores do contraturno (*Pacto educativo*).

Na conclusão de cada capítulo, são apresentados *Os conselhos do especialista*, com sugestões práticas e tópicos específicos.

Ao término de cada macroárea está presente uma *Checklist para a observação*, útil para conhecer e compreender melhor o funcionamento global da criança, os pontos fortes e as potencialidades emergentes, e para estruturar os objetivos do Plano Educacional Individualizado. As *checklists* apresentam uma série de aspectos em relação aos quais é útil reunir o máximo de informação possível, seja diretamente, por meio da observação, seja indiretamente, por meio de conversas com familiares e operadores. Elas dão pistas e também especificam termos técnicos importantes a serem lembrados[3].

As sugestões que vocês encontrarão no texto poderão lhes fornecer ideias válidas, baseadas nas evidências científicas e nos conhecimentos psicopedagógicos mais atuais no âmbito dos transtornos do espectro do autismo, mas deverão ser sempre personalizadas com base nas características específicas da criança com autismo da qual cuidamos e de seus colegas de classe.

O que ter em mente

O perfil cognitivo das pessoas com transtorno do espectro do autismo é muitas vezes *não homogêneo* e caracterizado por competências menos desenvolvidas em algumas áreas e competências mais desenvolvidas – ou até, em alguns casos, excepcionais – em outras áreas ("ilhas de habilidade").

As pessoas com autismo recolhem, elaboram e respondem às informações que chegam do mundo externo de um modo muito diferente daquele ao qual estamos acostumados.

Habilidades visuais. Desde os anos de 1990, muitas pesquisas evidenciaram que as pessoas autistas elaboram mais facilmente as informações visuais. Essa peculiaridade, que muitas vezes é definida como "pensamento visual", contrapõe-se ao pensamento verbal, que utiliza predominantemente as palavras. A esse propósito, Temple Grandin defende que "um dos maiores mistérios do autismo é a extraordinária capacidade da maior

---

3 As *Checklists* ao longo da obra também são propostas em formato A4 nos recursos on-line, com espaço para inserir anotações.

parte das pessoas autistas de serem excelentes nas habilidades visuoespaciais, tendo desempenhos extremamente decadentes, em vez disso, nas habilidades verbais"[4].

→ *Déficit nas funções executivas.* Recentemente, sugeriu-se que o autismo é caracterizado por uma dificuldade mais geral nos sistemas responsáveis pelo controle e pelo planejamento do comportamento, levantando-se a hipótese de um déficit das chamadas "funções executivas". Ligam-se a isso as dificuldades de desviar a atenção de modo flexível, de equilibrar as prioridades, de resolver problemas de forma planejada e estratégica, considerando as possíveis alternativas e os recursos disponíveis, monitorando o resultado e eventualmente revendo o plano.

→ *Déficit de coerência central.* Soma-se a isso o fato de que as pessoas com autismo muitas vezes não obtêm vantagem, ao contrário da maioria das pessoas neurotípicas, da possibilidade de organizar em categorias os elementos a serem lembrados. Essa característica pode ser explicada pelo "déficit de coerência central" presente no autismo, isto é, uma capacidade reduzida de reunir várias informações para construir um significado global, uma visão de conjunto. Isso se deve provavelmente à excessiva concentração e focalização no detalhe que não permite captar o "inteiro", o "todo".

A teoria do déficit de coerência central parece explicar os comportamentos repetitivos, as "ilhas de habilidade" e os interesses particulares que os sujeitos autistas frequentemente apresentam. Os comportamentos repetitivos, de fato, poderiam ser interpretados como "fragmentos" de ações mais complexas,

---

4 GRANDIN, T. (2006). *Pensare in immagini e altre testimonianze della mia vita di autistica.* Trento: Erickson, p. 23.

que são descontextualizadas e repetidas sem que haja um sistema capaz de inibi-las adequadamente.

→ *Teoria da mente.* Muitas das dificuldades específicas de tipo comunicativo e social, enfim, parecem estar ligadas ao déficit de "teoria da mente", isto é, uma capacidade reduzida de compreender os estados mentais dos outros (seus pensamentos, opiniões e intenções) e de utilizá-los para dar significado ao seu comportamento e prever o que farão em seguida e o que esperam. A pessoa com autismo muitas vezes não reconhece os estados mentais próprios e alheios, e não consegue se capacitar em relação àquilo que ocorre ao seu redor. O déficit de teoria da mente se manifesta na ausência de atenção compartilhada, de comunicação intencional e de capacidade de imitar.

Como intervir

Tudo o que dissemos até aqui nos oferece algumas pistas de reflexão sobre como o(a) docente pode pensar e organizar o ensino e a didática com e para os(as) alunos(as) com transtornos do espectro do autismo, em benefício de toda a turma.

Educar para o conhecimento, o respeito e a valorização de todas as possíveis diferenças

O(a) docente de sala de aula pode contribuir enormemente para criar um clima colaborativo de conhecimento, respeito e valorização de todas as diversidades individuais por meio de atividades dirigidas, como um laboratório artístico, a leitura, a criação de histórias ou a visualização de vídeos, filmes, curtas-metragens dedicados às diversas modalidades de aprendizagem, às necessidades educacionais especiais e à inclusão. Devemos ser concretos: sem percursos específicos, é muito difícil obter resultados significativos nesse sentido.

Partir dos pontos fortes e não das dificuldades

Cada criança tem seus pontos fortes: não existem crianças que não os tenham. Cabe a nós descobri-los, apreciá-los, estimulá-los e explorá-los de modo eficaz. Alguns estudantes podem adquirir habilidades e competências surpreendentes sobre alguns assuntos/âmbitos que os interessam particularmente (p. ex., desenho, dinossauros, sistema solar, horários e trajetos dos meios de transporte, música, cálculo) que podem ser utilizados para aproximá-los de outros assuntos menos interessantes para eles ou que podem ser valorizados em trabalhos de grupo.

Além de ser "forte" em um assunto (ou em uma atividade) particular, o estilo com que a criança se aproxima da realidade pode se tornar uma marcha a mais. Por exemplo, ela pode manifestar boas competências de:

- habilidades visuoespaciais (atenção a detalhes e a aspectos que escapam da maioria das pessoas);
- memória (visuoespacial, episódica etc.);
- respeito pelas regras e pelos procedimentos;
- aplicação (motivação e constância);
- focalização (capacidades excepcionais de aprofundamento dos assuntos motivadores etc.);
- originalidade na resolução de problemas;
- etc.

Ajudas e suportes visuais

A criança com autismo é uma "pensadora visual". Longas entregas verbais muitas vezes a confundem. É melhor evitá-las, falar de modo lento e claro, e recorrer a ajudas visuais de vários tipos: objetos, imagens, fotografias, sinais etc., que tornam imediatamente compreensível a ação ou a atividade a ser realizada, o lugar aonde ir ou as pessoas com as quais é preciso estar. Dependendo da habilidade a ser aprendida, tais ajudas podem ser, por exemplo, uma série de fotografias que descrevem as principais ações a serem realizadas para reordenar a própria classe ou uma linha vermelha no copo que indica o nível máximo de líquido que pode ser derramado.

Em outros casos, o professor, a professora ou o colega podem servir de modelo, mostrando como se faz alguma coisa ou guiando a criança fisicamente, com muita paciência e tato. Nunca levantem a voz nem ameacem punições, mas ajudem a criança: por exemplo, se vocês disseram para ela se sentar, e a criança não o fez, repitam pelo menos mais uma vez e, se ela não se sentar, acompanhem-na docemente até à cadeira.

Os suportes visuais podem ajudar significativamente muitas crianças a preverem a sequência de eventos cotidianos ou a generalizar comportamentos e regras nos diversos ambientes.

Cada criança tem direito a suportes que sejam mais compreensíveis e úteis para ela: com base nas habilidades cognitivas e perceptivas, para algumas poderia se tratar de objetos, partes de objetos ou cartões-imagem (ou seja, cartões nos quais podem ser coladas partes de um objeto); para outras, fotografias, pictogramas em preto e branco ou em cores, símbolos ou palavras escritas.

Alguns exemplos de suportes visuais úteis em âmbito escolar (e extraescolar) são:

- a agenda visual diária ou semanal, na qual são apresentadas, em ordem, as principais atividades do dia, onde elas serão realizadas e com quem (cf. a p. 47);
- a faixa ou sequência de atividades (as atividades específicas após a hora da história ou à tarde, em casa);
- o esquema do tempo (dia, mês, ano);
- a análise da tarefa ou decomposição visual de algumas sequências de ações a serem aprendidas (ir ao banheiro, tomar banho, preparar a mochila, escrever as tarefas no diário);
- as histórias sociais (breves histórias com texto e imagens que explicam o que acontece e como é preciso se comportar em uma determinada situação cf. a p. 61);
- o termômetro das emoções, para indicar em uma escala o quanto a criança se sente agitada, triste, feliz etc.;
- cartazes com as regras a serem respeitadas em determinadas situações (regras de comportamento no pátio, durante as atividades de laboratório, enquanto se assiste a um vídeo ou a um filme);
- imagens plastificadas e com velcro no verso que marquem visualmente o conteúdo de caixas/gavetas de armários ou outros repositórios, de modo a ajudar a criança a encontrar facilmente aquilo de que precisa (materiais escolares ou brinquedos) ou a identificar os lugares aonde deve se dirigir (ginásio, laboratório, quarto).

Para as crianças que não utilizam a linguagem verbal, mas sim formas de Comunicação Aumentativa e Alternativa, as imagens plastificadas podem ser extremamente úteis, justamente para ampliar as possibilidades de comunicação receptiva e expressiva nos diversos contextos. A troca de imagens mediante o sistema PECS (*Picture Exchange Communication System*), por exemplo, pode permitir que a criança adquira boas habilidades de comunicação, aprendendo a escolher e a pedir alimentos, objetos ou atividades, a comentar situações, a expressar os próprios sentimentos ou a responder a perguntas[5].

Os suportes visuais escolhidos devem ser sempre o máximo possível compartilhados com todas as pessoas que cuidam da criança (pais, professores(as), avôs e avós), de modo a favorecer a coerência da intervenção educativa global e a generalização das habilidades adquiridas.

Comportamentos problemáticos: O que fazer?

Quando há uma criança com autismo na turma, é provável que vocês se deparem com reações insólitas, atitudes que poderão lhes parecer bizarras, deslocadas ou comportamentos que podem ser um problema, para a segurança dela e a dos outros, ou colocá-la em uma situação de constrangimento.

Devemos ter em mente que algumas crianças com autismo apresentam uma escassa percepção do perigo: caminhar pela rua ou pegar o ônibus podem se tornar atividades arriscadas, porque a criança pode se afastar de repente, seguir um desconhecido, descer o meio-fio ou atravessar a rua repentinamente.

---

5 A Comunicação Aumentativa e Alternativa e o sistema PECS são estratégias para oferecer às pessoas com necessidades comunicativas complexas a possibilidade de se comunicarem por meio de canais que complementam o verbal. Utilizam símbolos e imagens que acompanham a verbalização, ajudando, portanto, tanto a compreensão quanto a expressão. Para aprofundamentos tanto sobre a comunicação quanto sobre suportes visuais e estratégias didáticas para os transtornos do espectro do autismo, sugerimos textos específicos nas Referências.

Além disso, há toda a esfera das estereotipias motoras, como balançar o corpo, fazer caretas, sacudir as mãos etc. Nesses casos, aconselhamos a não impedir repentinamente a criança em sua rotina, se não for perigosa para si e para os outros. Aprofundaremos o assunto no capítulo 14.

Às vezes, a criança com transtornos do espectro do autismo pode apresentar comportamentos problemáticos (autolesão, agressividade, autoestimulação compulsiva) que não podem ser ignorados.

Quando isso ocorre, é fundamental partir da análise de cada situação atentamente em sua singularidade: não há uma solução válida para todas as crianças. Em geral, uma intervenção educativa para a redução/eliminação dos comportamentos problemáticos deve prever, acima de tudo, a partilha dos objetivos e a colaboração constante com os familiares, com o envolvimento de especialistas.

Esses comportamentos, de fato, podem responder a várias necessidades, diferentes para cada um: podem fornecer *feedbacks* sensoriais gratificantes ou ter uma função comunicativa.

Atualmente, a abordagem comportamental que prevê a análise funcional do comportamento oferece instrumentos preciosos aos pais e aos profissionais para enfrentarem e gerirem os comportamentos problemáticos, até mesmo os mais preocupantes. Essa abordagem busca identificar as variáveis que contribuem para desencadeá-los (antecedentes) e mantê-los (consequências). Por meio da observação sistemática e do estudo científico da frequência e da intensidade desses comportamentos nos diversos contextos de vida, dos antecedentes e das consequências, é possível compreender a função ou as funções que eles têm para a pessoa que os realiza, e, respeitando acima de tudo suas características particulares e suas necessidades especiais, é possível propor uma intervenção educativa ecológico-funcional eficaz, às vezes até resolutiva. Poderemos detectar, por exemplo, que há momentos particulares do dia (chegada à escola, almoço à mesa, recreio) em que os comportamentos problemáticos aumentam notavelmente. Ou pode ficar evidente que a criança, por meio de um comportamento problemático, como ao morder a própria mão, comunica seu desconforto diante da proposta de algumas atividades didáticas específicas, talvez difíceis, incompreensíveis ou enfadonhas demais, ou consegue ser levada sistematicamente para fora da sala para alcançar a estação multimídia que tanto lhe agrada. Essa primeira análise, portanto, nos permitirá refletir sobre quais condições podem ser modificadas (ruído, regras, disposição das cadeiras, estruturação das tarefas) naqueles momentos particulares do dia em que se nota um aumento de comportamentos problemáticos, sobre como estruturar melhor as atividades didáticas (subdividindo-as talvez em vários passos ou fornecendo mais explicações visuais) ou sobre quais modalidades de comunicação alternativas é possível ensinar à criança para pedir ajuda, uma pausa ou uma atividade específica.

Pacto educativo

Aqui, chegamos a outro ponto central: a criança com autismo precisa de coerência, previsibilidade e ordem. Isso significa que o instrumento de trabalho mais poderoso de vocês será uma aliança concreta com pais, familiares e operadores.

Tentem conhecer ao máximo a criança que vocês têm à sua frente, assim como seus pais ou familiares, sejam compreensivos e não julgadores com eles, favoreçam o diálogo e o debate, estudem e se atualizem sobre os transtornos do espectro do autismo e trabalhem com método, buscando poucos e claros objetivos de cada vez.

Os pais e outros operadores e operadoras extraescolares são a fonte mais importante de informações úteis para poder conhecer em pouco tempo as características mais relevantes, as eventuais dificuldades específicas e os pontos fortes da criança com autismo. Tentem dedicar tempo à conversa com eles, de um modo o máximo possível programado e agendado.

É importante que os(as) professores(as) estejam do lado dos pais e vice-versa, de modo que a criança possa encontrar pontos de referência coerentes nos diversos contextos: ajudas ou reforços, regras, instrumentos compensatórios, possibilidades de comunicar ou interagir.

Estruturação

Criar um ambiente em sala de aula "à medida do autismo" é um dos desafios mais importantes para garantir a serenidade da criança, favorecer a aprendizagem e a aquisição de habilidades, evitar eventuais situações críticas e trabalhar pelo bem-estar de todos(as): criança com autismo, colegas e, por que não, professores(as).

Para alcançar esses objetivos é necessário:

- eliminar as fontes de desconforto ambiental para a criança: ruídos incômodos, risadas fortes, luzes intermitentes etc.;

- identificar claramente as fontes de distração (que podem ser muito diferentes de criança para criança);
- estruturar o espaço de forma compreensível;
- estruturar o tempo de forma previsível;
- definir regras de comportamento claras;
- dedicar um espaço para o relaxamento da criança, no qual ela possa se "refugiar" quando os estímulos sensoriais possam criar uma verdadeira sobrecarga sensorial nela.

Estruturação espaço-temporal

Estruturar de modo claro os tempos permite à criança criar pontos de referência para enfrentar o caos e a imprevisibilidade que ela percebe e que, muitas vezes, as relações sociais intensificam ainda mais. Além disso, pode ajudá-la a compreender melhor o que ela pode ou não fazer em um determinado contexto, ou quais atividades ela poderá realizar durante o dia, sua sucessão e duração, as regras a serem respeitadas.

O espaço

O ambiente de trabalho deve ser organizado em espaços clara e visualmente delimitados, cada um com funções específicas e visualizáveis, para permitir que a criança saiba com precisão o que se espera dela em cada lugar e em cada momento. Na sala de aula, se possível, haverá um espaço de trabalho com os colegas, um espaço de trabalho individual, um espaço de repouso e um espaço dedicado ao tempo livre. É importante que cada espaço seja dedicado a uma única atividade: desse modo, será mais fácil para a criança se orientar sozinha e alcançar uma gratificante autonomia de movimento.

O tempo e as atividades

A passagem do tempo é uma noção difícil de aprender, porque se baseia em dados não visíveis. Por isso, é importante estruturar a jornada e fazer com que, em cada momento, a criança saiba o que está acontecendo, o que aconteceu e o que acontecerá, aumentando a previsibilidade e o controle da situação e diminuindo consequentemente a incerteza que tende a gerar ansiedade. Para esse fim, é importante que a criança tenha uma "agenda visual diária" própria, constituída por uma sequência de imagens ou fotografias ordenadas preferencialmente de cima para baixo. Ao término de cada atividade, a criança desloca a relativa fotografia/símbolo/imagem para um espaço específico que representará o tempo transcorrido: desse modo será possível para ela saber aproximadamente quanto tempo passou e quanto tempo falta antes que ocorra um dado evento, como, por exemplo, a volta para casa.

A cada dia pode ser útil lhe propor uma sequência visual de trabalho individual, que resuma, por exemplo, as principais atividades da jornada escolar (leitura, ditado, cálculo, desenho etc.).

Toda semana será organizada com atividades que se repetem, criando assim uma rotina previsível, que, depois de um período de aprendizagem com o(a) professor(a), a criança poderá executar também com autonomia. Em alguns casos, pode ser aconselhável o uso da ampulheta e/ou do cronômetro, ou simplesmente de um relógio digital, para desenvolver a capacidade de compreender quanto tempo dura uma atividade específica.

Lembrem-se de avisar a criança a tempo das passagens de um momento do dia ao outro (p. ex., quando se aproxima a hora de ir embora da escola) e de explicitar quando uma atividade está terminando e outra está começando ("quando acabarmos este quebra-cabeça, vamos estudar português"). Do mesmo modo, a criança deve ser preparada caso esteja prestes a ocorrer alguma coisa de incomum (um temporal que se aproxima, podendo haver relâmpagos e trovões) ou alarmante para ela ("daqui a cinco minutos, o sinal vai tocar").

Os conselhos do especialista

→ Cada criança com transtornos do espectro do autismo é um mundo único a ser descoberto. Desconfiem de quem profere com superficialidade frases como: "As crianças autistas devem ser tratadas assim", ou: "Com as crianças com autismo deve-se fazer assim", porque "as crianças autistas" não existem, mas existem a Ana, a Michele, o Júlio, que, a seu modo, apresentam algumas características cognitivo-emotivas, comunicativas, relacionais e comportamentais específicas.

Inicialmente, algumas crianças podem ser extremamente difíceis de compreender, mas, se vocês aprenderem a construir uma boa relação de confiança recíproca, a olhá-las como "crianças" e não como "crianças autistas", a descobrir seus pontos fortes e potencialidades, elas podem lhes oferecer satisfações enormes.

Busquem, acima de tudo, compreender seu funcionamento peculiar, descubram o que as emociona, o que mais lhes interessa, aprendam a distinguir o que elas *não querem* fazer daquilo que elas *não conseguem* fazer, sem nunca dar justificativas se não for oportuno, pedindo-lhes ajuda para compreender melhor o funcionamento neurodiverso delas e dando-lhes uma mão para compreender o funcionamento neurotípico de vocês.

Gostaria que vocês começassem seu percurso refletindo sobre as palavras de Jim Sinclair, uma criança com autismo:

> Ser autista não significa não ser humano, mas ser diferente. O que é normal para outras pessoas não é normal para mim, e o que eu considero normal não é normal para os outros. Em certo sentido, estou mal equipado para sobreviver neste mundo, como um extraterrestre que se perdeu, sem ter um manual para saber como se orientar. Mas a minha personalidade ficou intacta. A minha individualidade não foi prejudicada. Encontro um grande valor e significado na vida e não desejo ser curado de mim mesmo. Concedam-me a dignidade de reencontrar a mim mesmo nos modos que eu desejar; reconheçam que somos diferentes um do outro; que o meu modo de ser não é apenas uma versão desgastada da versão de vocês. Interroguem-se sobre suas convicções, definam suas posições. Trabalhem comigo para construir pontes entre nós[6].

---

6 In PEETERS, T. (1998). *Autismo infantile*: Orientamenti teorici e pratica educativa. Roma: Phoenix Editrice.

10 COISAS (+1) PARA SABER
sobre o autismo

1. As crianças autistas sentem *inúmeras emoções*: muitas vezes elas as percebem, as elaboram e as gerenciam de modo extremamente diferente das pessoas neurotípicas.

2. Os transtornos do espectro do autismo NÃO são causados por um afeto insuficiente por parte dos pais da criança, mas têm uma *origem neurobiológica*.

3. O autismo NÃO passa com a idade: é uma condição que envolve um funcionamento cerebral "neurodiverso" que *dura toda a vida* e do qual muitas pessoas autistas se sentem absolutamente orgulhosas.

4. Para ajudar uma criança autista, sem dúvida, é necessário muito amor, mas só isso não basta: são igualmente fundamentais as *competências específicas* e o *trabalho em rede*.

5. Mesmo as pessoas "com desenvolvimento típico" devem tentar se *esforçar para "calçar os sapatos"* das pessoas neurodiversas, não só o contrário.

6. Nem todas as pessoas autistas são gênios ou fenômenos. A maioria das pessoas com transtornos do espectro do autismo apresenta, infelizmente, *significativas dificuldades cognitivas, comunicativas e*

relacionais que, muitas vezes, dificultam a vida com total autonomia.

7 Não considerem "patológicos" os comportamentos de uma criança com transtornos do espectro do autismo apenas porque ela tem um diagnóstico. Muitas vezes, as pessoas neurotípicas não conseguem compreender alguns comportamentos a partir da perspectiva de quem vive o autismo em primeira pessoa: alguns deles podem parecer de algum modo "errados" ou "a serem modificados", mas, na realidade, absolutamente não o são. *Avaliem atentamente* quais comportamentos vocês querem tentar reduzir ou eliminar e se realmente é o caso de fazer isso.

8 Peçam ajuda para compreender o funcionamento neurodiverso vendo as entrevistas ou lendo as muitas *experiências e testemunhos de pessoas com autismo*, hoje amplamente disponíveis.

9 Encontrem todos os possíveis *pontos fortes* e explorem-nos para aumentar a motivação e o senso de autoeficácia da criança.

10 As crianças autistas NÃO estão "fechadas em uma bolha": às vezes, porém, devido a um *sistema perceptivo extremamente particular e sensível*, elas precisam reduzir ao mínimo os *inputs* sensoriais.

11 As crianças com autismo são um *recurso para todos os seus colegas de aula*, e, muitas vezes, as soluções educacionais e didáticas adotadas pelos docentes para irem ao encontro de suas necessidades especiais são muito úteis também para os colegas com desenvolvimento típico.

Interação social

CAPÍTULO 1 EVITA

o contato visual

O QUE FAZER

✓ Ensinem a criança que ela pode obter muitas informações (ou conseguir mais facilmente aquilo que deseja) olhando as pessoas em seus olhos.

✓ Deem atenção imediatamente quando ela conseguir olhá-los nos olhos.

O QUE NÃO FAZER

✗ NÃO a repreendam por não olhar nos olhos de vocês.

✗ NÃO a obriguem ou a forcem a olhar nos olhos de vocês ou de seus colegas.

✗ NÃO a insiram logo no grupo: é melhor começar pela interação a dois.

✗ NÃO chamem a atenção dela por não estar olhando para o(a) professor(a); pelo contrário, ela pode estar muito atenta àquilo que ele ou ela está dizendo.

O que ter em mente

Devemos sempre lembrar que as crianças com transtornos do espectro do autismo apresentam dificuldades específicas na área da interação social e da comunicação. Não é falta de experiência ou de vontade, mas sim um verdadeiro comprometimento de tipo neurobiológico. O contato visual, a gestualidade, as expressões ou a postura são fundamentais na comunicação e "se aprendem" desde pequeno de forma "espontânea". Para as crianças com autismo, não é assim: para elas, não é nada natural captar esses sinais ou interpretar o que significa um gesto ou um olhar, por exemplo. Muitas vezes, faltam justamente tanto o interesse em captar o olhar da outra pessoa em uma interação quanto a consciência de que um olhar "significa" alguma coisa.

Enquanto as crianças neurotípicas têm uma predisposição inata para aprender observando os outros e para antecipar o comportamento deles, os(as) alunos(as) com autismo precisam de um ensino explícito e programado de tais capacidades. As outras crianças conseguem interpretar olhares, expressões faciais e gestos, dando-lhes um significado comunicativo; para as crianças com autismo, ao invés disso, não é assim.

A dificuldade de "ler" a mente dos outros impede que a criança com autismo compreenda o que influencia o comportamento alheio, quais crenças, desejos ou emoções, diferentes dos seus, estão por trás dos comportamentos visíveis.

A criança pode não conseguir manter o olhar por estar cansada do esforço de tentar interpretar as expressões alheias ou por estar investida de uma quantidade de estímulos exagerada para ela, não conseguindo administrá-los. Evitar o contato visual, portanto, pode ser uma estratégia para reduzir a sobrecarga sensorial.

Além disso, em uma situação comunicativa, sua atenção muitas vezes é capturada não por estímulos sociais, mas por outros detalhes (como, p. ex., a boca do interlocutor) que a distraem.

Devemos, portanto, proceder gradualmente e com paciência, sem forçar a criança e calibrando seus pedidos às possibilidades reais.

Como intervir

As dificuldades na comunicação e na interação são específicas e "intrínsecas" ao autismo: para desenvolver essas capacidades, procedam de forma gradual, partindo da relação a dois, dentro de uma situação tranquila e agradável.

○ Comecem com brincadeiras de que ela gosta, interrompam-na e esperem que ela olhe nos olhos de vocês, para depois retomá-las imediatamente. Posteriormente, organizem brincadeiras em pequenos grupos, nas quais seja necessário olhar o colega nos olhos, mesmo que apenas por um segundo, para continuar com a alternância de turnos.

○ Procurem formar pequenos grupos de estudantes (duas a três crianças) que se ajudem estavelmente e realizem atividades juntos com regularidade, procurando identificar os colegas com os quais a criança tem maior facilidade de interação.

○ Aproveitem todas as oportunidades possíveis que surjam em âmbito escolar para explicar à criança o significado das expressões faciais de seus colegas, dos gestos e das posturas corporais.

- Ensinem à criança alguns gestos convencionais para se comunicar com os outros.
- Ofereçam oportunidades concretas para dramatizar uma história e incentivem a criança a reproduzir as expressões faciais/gestos/posturas dos personagens.

Ao lerem ou contarem uma história, destaquem, por meio das expressões faciais ou das posturas, os sentimentos, os estados de espírito ou os desejos dos personagens da história.

Pacto educativo

É essencial conseguir criar uma aliança pedagógica constante com os pais, os outros docentes e os profissionais extraescolares.

Os pais poderão oferecer à criança muitíssimas oportunidades cotidianas para desenvolverem o uso do olhar de modo funcional, encorajando-a, por exemplo, a observar o rosto e o comportamento dos irmãos ou irmãs, ou estimulando-a a imitar ações com e sem objetos, propondo brincadeiras e atividades agradáveis nas quais seja necessário ser olhado ou olhar juntos na direção de um objeto, revezar-se, trocar sorrisos ou compartilhar emoções. Assistir a desenhos animados ou a filmes também pode se tornar uma oportunidade preciosa para compreender quais intenções, crenças ou desejos estão ligados a determinados comportamentos dos personagens, ou quais expressões do rosto ou posturas corporais – muitas vezes enfatizadas especialmente nos desenhos animados para os mais pequenos – se conectam e expressam emoções, estados de espírito ou sentimentos.

Estruturação

Visto que as crianças com autismo não têm uma propensão natural para as relações, essas habilidades devem ser ensinadas explicitamente. Organizem a sessão de ensino considerando que os tempos de trabalho devem ser avaliados atentamente com base nas habilidades de cada aluno(a), e depois aumentados progressivamente. Em alguns casos, até mesmo poucos minutos de brincadeira nos quais seja necessário olhar nos olhos do colega ou reconhecer/reproduzir emoções por meio das expressões do rosto ou das posturas corporais podem ser suficientes.

No início, é necessário informar à criança sobre a duração e a dificuldade da tarefa, planejar as pausas de trabalho e marcar a passagem do tempo com um cronômetro visual ou uma ampulheta.

○ Incentivem o compartilhamento de materiais, brinquedos e atividades.

○ Organizem um cantinho de trabalho dedicado à aprendizagem das habilidades sociais e comunicativas, onde a criança tenha a possibilidade de se exercitar cotidianamente com jogos de tabuleiro ou outras atividades que favoreçam o desenvolvimento do contato visual.

○ Organizem sessões de teatro ou de dramatização, tornando-as previsíveis e constantes ao longo do ano letivo.

Os conselhos do especialista

○ Nunca forcem a criança a olhar nos olhos!

○ Levem um objeto de que ela goste até a altura dos olhos de vocês, de modo que ela possa, de alguma forma, "captar o olhar de vocês".

○ Nunca repreendam a criança por não olhar seus colegas nos olhos: seria como repreender uma criança em cadeira de rodas por não fazer as atividades em pé.

○ Procurem tornar agradáveis esses difíceis momentos de interação, para que sejam oportunidades para experimentar o prazer do brincar compartilhado.

○ Se a criança começar uma atividade espontaneamente, tente imitá-la e implementar progressivamente a atenção compartilhada.

○ Ofereçam reforços programados para a criança após cada sessão de trabalho.

Atenção: nunca subestimem o esforço e o empenho dela para se envolver em uma situação social ou trabalhar essas habilidades.

APROFUNDAMENTO

Atenção compartilhada e comunicação

A atenção compartilhada é aquele jogo de olhares que nasce de observar juntos alguma coisa, deslocando o interesse do objeto para a outra pessoa envolvida, na consciência de que se está compartilhando o mesmo interesse. Ao mesmo tempo, manifesta-se quando a criança tenta chamar a atenção de um adulto (p. ex., apontando o dedo) para torná-lo partícipe de algo que chamou sua atenção. A atenção compartilhada é uma passagem fundamental para a socialidade e a comunicação, porque pressupõe um interesse comum e uma certa reciprocidade.

O fato de uma criança com autismo não buscar, não manter e muitas vezes evitar a troca de olhares está ligado a várias dificuldades típicas do transtorno: físicas (ela é mais sensível aos vários estímulos), de interação, de interpretação do comportamento alheio, de comunicação etc.

Dificilmente uma criança com autismo envolverá vocês em uma atividade dela ou buscará ativamente a participação de vocês. Para estimular esse tipo de comportamento, comecem pelas atividades de que ela gosta, que a envolvem e a interessam, tentando estabelecer um contato ou um intercâmbio nessas ocasiões.

CAPÍTULO 2

AGE DE FORMA ESTRANHA

nas relações

Porque as relações sociais são imprevisíveis, não têm regras fixas e são incompreensíveis e fugidias para a criança.

Porque ela não compreende as brincadeiras e as piadas.

Porque pode estar incomodada com vozes, ruídos, abraços ou contato físico.

Porque muitas vezes não está interessada nas mesmas brincadeiras dos colegas.

Porque tem grandes dificuldades de se colocar no lugar dos outros.

O QUE FAZER

√ Criem oportunidades de interação com base em um interesse comum ou começando brincadeiras que lhe agradem e nas quais ela seja competente.

√ Reforcem o máximo possível cada troca espontânea, cada comportamento social adequado.

√ Deem exemplos concretos de interação: como cumprimentar alguém, o que dizer para brincar juntos, como chamar a atenção etc.

√ Deem regras claras.

O QUE NÃO FAZER

✘ NÃO a repreendam por não brincar com os colegas.

✘ NÃO a obriguem ou a forcem a brincar com os colegas ou a ficar perto deles fisicamente.

✘ NÃO utilizem frases pouco literais ou ambíguas.

O que ter em mente

As dificuldades relacionais são extremamente relevantes para muitas das crianças que se enquadram no espectro dos transtornos do autismo e se devem a um funcionamento diferente do Sistema Nervoso Central, com um comprometimento quantitativo e qualitativo das habilidades sociais.

Cada criança tem um perfil diferente de interesses, capacidades e possibilidades, por isso é fundamental começar observando atentamente suas habilidades sociais para poder aproveitar ao máximo os pontos fortes e as capacidades.

Muitas crianças com autismo gostariam de ter amigos e amigas com quem passar o tempo, brincar e sair, mas muitas vezes fazem um esforço incrível para entender como fazer isso concretamente. As possibilidades de inclusão são obstruídas por dificuldades específicas de compreender:

- contextos e convenções sociais;
- as expectativas recíprocas em uma troca social (isto é, o que os outros esperam que ela faça em uma interação);
- piadas e expressões não literais em geral.

Sobre esses importantes aspectos sociais, que estão na base das relações e das interações humanas, é necessário trabalhar de forma explícita e programada desde a infância. Não devemos perder a oportunidade, por exemplo, de explicar para a criança porque a colega ficou triste quando ninguém a cumprimentou na entrada da sala, porque uma certa piada fez um grupo de colegas rir, ou porque quando você vai a um aniversário o aniversariante espera receber os parabéns e, eventualmente, um presente.

Podemos trabalhar para conhecer as próprias emoções e as dos outros, oferecendo à criança algumas ideias para compreender que tipo de emoção/sentimento a outra pessoa está sentindo em uma determinada situação. Também pode ser útil acostumar gradualmente a criança a ouvir piadas

"programadas" por parte de um colega, permitir que ela pratique a compreensão de expressões idiomáticas, metáforas, duplos sentidos, sempre que surjam naturalmente no contexto do grupo.

Isso significa acompanhar a criança a reconhecer as regras e convenções sociais, e oferecer ideias para reconhecer o sentimento e o pensamento que está por trás do comportamento de alguma outra pessoa: isto é, tornar explícito aquilo que está por trás, está escondido e, portanto, é misterioso para ela.

Além disso, em muitos casos, as crianças com autismo têm interesses diferentes daqueles de seus pares, ou comportamentos que deixam os outros perplexos. Levando em consideração todos esses elementos, gerir uma interação social é realmente difícil e muitas vezes frustrante, tanto para elas quanto para quem se relaciona com elas!

> **!** A essas especificidades, somam-se outras fragilidades específicas, por exemplo a hipersensorialidade. Para essas crianças, alguns estímulos sensoriais podem chegar de uma forma muito mais vívida e às vezes dolorosa: os ruídos são percebidos mais fortemente, as sensações táteis são mais intensas e incômodas, os cheiros são mais penetrantes. Uma situação agradável de risadas na companhia de outras pessoas pode ser um caos ensurdecedor para elas, um abraço pode ser um aperto intolerável etc.

Como intervir

As dificuldades sociais e relacionais são típicas do transtorno do espectro do autismo. Não existem receitas infalíveis para resolvê-las "magicamente", mas sim modalidades e estratégias para favorecer o bem-estar da criança e dos colegas, criando um clima inclusivo e acolhedor para todos e todas.

○ Criem um clima colaborativo em sala de aula, lendo contos de fadas ou histórias, ou assistindo juntos a vídeos ou a desenhos animados sobre o tema do respeito às diferenças individuais.

○ Criem oportunidades frequentes de interação que partam, o máximo possível, dos interesses, habilidades e talentos da criança.

! ○ Expliquem à criança, explícita e claramente, as regras da interação social, usando frequentemente suportes visuais (vídeos, fotos, imagens) para acompanhar a linguagem verbal.

○ Deem à criança um programa claro (também visual) dos materiais que ela pode utilizar para brincar a dois e/ou em pequenos grupos (imagens que representem as opções disponíveis: cartas, lego, dominó, quebra-cabeças, memória etc.).

○ Façam um cartaz visual com as fotos e o nome escrito de cada colega e estimulem a criança a memorizá-los. Por exemplo, enquanto o(a) professor(a) faz a chamada, uma criança entrega aos colegas o cartãozinho com a sua foto, a ser fixada na cadeira com velcro.

○ Ensinem o revezamento nas brincadeiras ("primeiro sou eu, depois você").

○ Reforcem o máximo possível toda troca espontânea com um colega, toda proposta de brincadeira, todo comportamento social correto.

Pacto educativo

O trabalho conjunto com os pais permite obter resultados duradouros no tempo e generalizáveis nos diversos contextos de vida. É valioso compartilhar com eles e com todos os profissionais (de saúde/escolares/extraescolares) que cuidam da criança os objetivos e as estratégias para favorecer a socialização.

Proponham aos pais que trabalhem também para potencializar a compreensão das regras sociais, os comportamentos sociais, as modalidades de relação entre as pessoas e a "teoria da mente", oferecendo à criança explicações claras sobre as emoções sentidas pelas pessoas, sobre conceitos abstratos e não literais (piadas, duplos sentidos) e sobre as dinâmicas de interação entre as pessoas em geral, sempre que surgir a oportunidade em diferentes ambientes (casa, bar, restaurante, grupo esportivo) e em situações reais.

Estruturação

○ Se a sala de aula permitir, criem um espaço específico para as brincadeiras e jogos a dois, e para as brincadeiras e jogos em pequenos grupos (no máximo três jogadores) que seja imediatamente reconhecível pelas crianças.

○ Criem um cantinho do relaxamento, no qual seja possível se refugiar, caso a interação social se torne muito difícil ou exigente.

○ Criem um espaço onde se possa trabalhar, por meio da sua mediação docente, na resolução dos conflitos entre crianças.

○ Estabeleçam um contrato claro com a criança com autismo. Por exemplo: "No fim de cada atividade, você pode escolher um brinquedo e um colega para brincar". Na hora de escolher, é oportuno deixar à disposição dela apenas as fotos das crianças (ou os cartõezinhos com os nomes escritos) que naquele determinado momento estão livres de outras atividades, se ofereçam como voluntários(as) e tenham o prazer de fazer isso.

○ Utilizem um cronômetro visual e/ou uma ampulheta para mostrar por quanto tempo será possível brincar ou fazer uma determinada atividade com o colega.

Os conselhos do especialista

Nunca tanto quanto neste caso a união faz a força: projetem juntos e compartilhem claramente um programa educativo específico com pais, familiares e profissionais. Definam poucos objetivos a serem avaliados constantemente e estabeleçam algumas estratégias simples a serem utilizadas por todos e todas, em sinergia. Pode-se decidir por trabalhar no gesto de "cumprimentar quando se chega em um novo ambiente", lembrando à criança, por exemplo, de fazer isso por meio de uma sugestão verbal ou da utilização de uma ou mais imagens (fotos de pessoas se cumprimentando ou do símbolo da mão) sempre à disposição nos diversos contextos.

Nunca subestimem os aspectos ligados à percepção sensorial e observem atentamente se a criança tem uma hipersensibilidade tátil, auditiva, visual e, por isso, poderia se incomodar com ruídos, luzes, tecidos, contato físico.

Acima de tudo, procurem sempre tornar a relação divertida: somente por meio de uma gratificação é possível captar o prazer de algo que é extremamente difícil para a pessoa com autismo. Lembrem-se de que muito frequentemente a criança com autismo gostaria de fazer amigos e sente prazer em interagir com os outros, mas não sabe como fazer isso!

APROFUNDAMENTO

A agenda visual

Um instrumento muito útil na escola é a agenda visual. Ela mostra todas as atividades do dia, ordenadas de acordo com sua sequência exata, o local exato onde serão realizadas (sala de aula, ginásio, pátio, laboratório) e possivelmente também as pessoas com quem serão realizadas, por meio de uma série de suportes visuais correspondentes (desenhos, fotos, símbolos), orientados horizontal ou verticalmente e fixados em um suporte.

Ela tem a função de criar uma rotina de trabalho que forneça previsibilidade e segurança aos(às) alunos(as) com transtornos do espectro do autismo (e não só), permitindo-lhes antecipar mentalmente situações, atividades, contextos, gerenciar melhor os momentos de transição entre uma atividade e outra, e adquirir mais autonomia na gestão do tempo. É um meio visual e concreto que facilita também a comunicação, porque, simplesmente ao indicar os cartões, o(a) professor(a) pode enviar mensagens claras, e a criança pode comunicar desejos e necessidades.

É útil plastificar os cartões e usar velcro, para que possam ser facilmente fixados e destacados da base.

Todas as manhãs, preparem a agenda visual junto com a criança, escolhendo as imagens apropriadas (o quê, onde, quando, com quem) e fixando-as em sequência. Pode-se fornecer dois ou mais cartões de atividades para encorajar a criança a fazer escolhas.

Acompanhem a criança passo a passo e ensinem-na a retirar as imagens relativas a uma atividade concluída e a colocá-las em um bolso lateral, que reúne as "ações terminadas".

3 NÃO COMPARTILHA atividades e interesses

Porque muitas vezes a criança tem interesses por assuntos ou atividades particulares que, em geral, não são comuns entre seus pares.

Porque tem dificuldades específicas de atenção, emoção e intenção compartilhadas.

Porque tem hábitos rígidos e formas de brincar pouco criativas.

Porque muitas vezes fala sozinha sobre o assunto no qual está interessada, sem levar em consideração o ponto de vista (ou os bocejos!) do outro.

O QUE FAZER

✓ Tentem descobrir todos os possíveis interesses e atividades que a apaixonam.

✓ Tentem entender se um ou mais interesses particulares poderiam ser compartilhados por outras crianças.

✓ Favoreçam a troca de informações entre alunos(as) sobre os interesses pessoais e os *hobbies*, organizando momentos específicos.

O QUE NÃO FAZER

✗ NÃO obriguem a criança ou seus colegas a compartilhar atividades não agradáveis.

✗ NÃO a repreendam se ela brincar sozinha.

✗ NÃO se incomodem se ela falar com vocês sempre sobre o mesmo assunto.

O que ter em mente

O esforço em compartilhar assuntos de conversação, interesses e atividades se deve às dificuldades específicas de tipo cognitivo, comunicativo e relacional ligadas aos transtornos do espectro do autismo.

Crianças com transtornos do espectro do autismo às vezes desejam fortemente fazer com que os outros sejam partícipes das suas paixões ou dos seus interesses, mas – por causa das dificuldades significativas de se colocarem no lugar da outra pessoa ou em captarem os sinais da comunicação não verbal – não conseguem captar, por exemplo, os sinais de tédio, desconforto ou desinteresse que provêm do interlocutor. Algumas crianças ignoram completamente esses sinais fundamentais e, se ninguém as frear, podem continuar falando por horas sobre seu assunto preferido.

Tenhamos em mente também o fato de que algumas modalidades de comportamento repetitivas ou estereotipadas, com base em interesses restritos ou extremamente particulares (falaremos disso também no cap. 11), podem fornecer previsibilidade e confiança à criança com autismo e ajudá-la a reduzir o nível de ansiedade ou a gerir o estresse. Algumas crianças com autismo, por exemplo, se dedicam a atividades repetitivas, como alinhar objetos ou fazer monólogos inteiros sobre assuntos conhecidos e agradáveis, justamente quando se encontram em situações sociais particularmente exigentes ou que envolvem uma notável sobrecarga sensorial. Se ainda não se conseguiu ensinar modalidades alternativas e mais funcionais para a gestão dos eventos estressantes e para a autorregulação emocional, é aconselhável permitir que a criança se dedique a tais atividades.

Como intervir

- Dediquem tempo e atenção para descobrir quais são os assuntos preferidos e os *hobbies* de todas as crianças da turma: deixem que elas falem sobre seus interesses e reúnam material para mostrar aos outros (objetos, fotos, vídeos).
- Tentem descobrir se a criança tem paixões em comum com outras pessoas e ajudem-na a criar vínculos também extraescolares que partam dela.
- Tentem descobrir se existem grupos internos ou externos à escola que compartilham um mesmo interesse.
- Organizem situações estruturadas em que as crianças, uma de cada vez, possam mostrar aquilo que sabem fazer ou que conhecem melhor, valorizando assim as competências e as paixões de cada uma.
- Permitam que as crianças se tornem tutoras para as outras, ensinando aquilo que conseguem fazer bem ou em que são especialistas, mesmo durante as atividades didáticas.
- Ensinem à criança estratégias úteis e adequadas para se tranquilizar (exercícios de respiração/relaxamento).

Pacto educativo

Compartilhem periodicamente com a família da criança as observações feitas na escola e apontem, por exemplo, eventuais novos interesses emergentes ou colegas com quem a criança se sente melhor.

Os pais, os familiares, os operadores e as operadoras extraescolares podem contribuir para criar numerosas oportunidades para compartilhar atividades e interesses (ou para favorecer o desenvolvimento de novos), envolvendo colegas, primos e primas, tios e tias, avôs e avós ou outras pessoas significativas. Podem organizar momentos programados em que a criança, por exemplo, ajuda a avó a preparar um bolo ou treina para correr com o primo mais velho.

Mesmo em casa é possível criar um espaço onde a criança possa se dedicar a um interesse ou a um lazer particular por um tempo definido, talvez como prêmio após terminar as tarefas. De forma programada e gradual, pode-se também começar a envolver um colega ou um familiar nesses momentos.

Além disso, a família pode favorecer a ampliação da gama de interesses e atividades, tentando descobrir quais recursos estão presentes *in loco* e organizando passeios dirigidos para visitar novos ambientes ou fazer experiências que possam ser valiosas para a inclusão social da criança.

Estruturação

- Programem um momento específico durante a semana dedicado à apresentação e à partilha dos interesses. Utilizem uma ampulheta ou um cronômetro visual para visualizar o tempo dedicado a essa atividade.
- Sempre forneçam à criança a oportunidade de pedir uma pausa (por meio da comunicação verbal ou de imagens) ou um afastamento temporário, caso a atividade seja muito exigente e estressante para ela.

Os conselhos do especialista

- Utilizem os interesses da criança para desenvolver habilidades (comunicativas, lógico-matemáticas, gramaticais) criando, por exemplo, histórias com seus personagens preferidos ou ensinando a contar dinossauros em vez de bolinhas.

- Não esperem que ela se junte a um grupo de outras crianças que estão realizando uma atividade difícil ou de que ela não gosta: os momentos de partilha devem ser divertidos e cativantes se quisermos que a criança seja estimulada a procurá-los espontaneamente.

- Não esqueçam que alguns interesses e paixões podem se tornar uma verdadeira ponte para estabelecer novas amizades. Algumas crianças com autismo conseguem fazer novas amizades frequentando grupos que compartilham interesses particulares (ciclismo, xadrez, colecionismo etc.).

- Aproveitem as potencialidades da internet para buscar grupos e/ou fóruns de discussão sobre o assunto dos quais, sob a supervisão do adulto, a criança também possa participar.

- O fato de a criança ter interesses particulares ou restritos não significa que ela não possa ampliá-los progressivamente. Não deixem de propor novos assuntos e atividades pelos quais ela possa se apaixonar ao longo do tempo. Muitas crianças inicialmente rejeitam as atividades que não conhecem apenas pelo fato de serem "novas". Tenham paciência e não se rendam na primeira tentativa!

- Lembrem-se sempre de que a criança pode não conseguir comunicar um pedido de pausa em uma atividade exigente ou frustrante demais. Para evitar que o mal-estar cresça e seja expresso de forma inadequada – por exemplo, gritando ou agredindo os outros –, observem bem a criança ensinando-a um modo para manifestar o cansaço; indicando um cartão ou por meio de um gesto combinado previamente.

4 PREFERE
ficar sozinho

POR QUE FAZ ASSIM?

Porque a criança apresenta um déficit da reciprocidade socioemotiva que envolve um modo de se aproximar anômalo e um reduzido compartilhamento de interesses ou emoções.

Porque tem dificuldade de dar início ou de responder a interações sociais.

Porque a interação social envolve um esforço cognitivo e emotivo notável.

Porque tem dificuldade de adaptar seu próprio comportamento aos contextos sociais.

O QUE FAZER

√ Tentem colocar a criança ao lado de um colega com o qual vocês notam uma harmonia espontânea.

√ Criem oportunidades cotidianas em que a criança possa interagir com um colega para pedir alguma coisa ou para brincar.

√ Comecem sempre a partir de um pequeno grupo (duas a três crianças).

√ Incentivem-na e reforcem-na todas as vezes que ela tentar interagir.

O QUE NÃO FAZER

✕ NÃO obriguem a criança a interagir com os colegas ou a participar de brincadeiras em grupo.

✕ NÃO a repreendam se ela se isolar.

✕ NÃO se irritem se, depois de poucos instantes, ela se afastar do grupo.

O que ter em mente

No caso dos transtornos do espectro do autismo, o comprometimento da interação social recíproca é frequentemente macroscópica e incapacitante.

As dificuldades de estabelecer relações com os pares assumem diversas formas dependendo da idade. Por exemplo, as crianças menores podem ter pouco ou nenhum interesse pelos coetâneos, enquanto os sujeitos mais velhos podem estar interessados na amizade, mas não compreender os "hábitos" que regulam a interação social, assim como as modalidades funcionais e convencionais para ativá-la e mantê-la. Pode acontecer, portanto, que elas tomem a iniciativa e se aproximem dos outros, mas de um modo incongruente, por exemplo puxando ou empurrando.

Em outros casos, notamos uma ausência de tentativas espontâneas de compartilhar alegrias, interesses e objetivos com outras pessoas (não mostrar, trazer ou chamar a atenção dos outros para objetos interessantes) e/ou uma falta de reciprocidade social ou emocional (não participar ativamente de jogos sociais simples, preferir atividades solitárias ou envolver os outros em atividades apenas como "instrumentos" e "ajudantes mecânicos"), assim como uma falta de consciência das necessidades dos outros.

Não desanimem: essas habilidades também podem ser ensinadas. Em muitos casos, "apenas" a capacidade de respeitar de maneira "mecânica" as convenções sociais pode ser também um bom resultado e melhorar muito o bem-estar da criança.

Procedam gradualmente, sem forçar: somente depois de uma determinada habilidade ter sido aprendida e consolidada em um contexto protegido (relação adulto-criança) é que ela pode ser "transportada" para dentro de um contexto social (pequeno grupo de crianças), que envolve a gestão de muitos estímulos (visuais, auditivos etc.). A carga de estímulos pode pesar na atenção e, portanto, condicionar a manifestação de competências: o esforço para manter a atenção na atividade, unido ao de se autorregular, apresentaria o risco de tornar a experiência complexa demais ou pouco prazerosa.

Como intervir

Em primeiro lugar, comecem a partir "daquilo que existe": identifiquem os colegas com quem a criança interage com mais facilidade e que, por sua vez, se sentem à vontade com ela.

Dado o esforço que isso envolve, reforcem e gratifiquem a criança por todos os comportamentos sociais que ela puser em prática.

Tentem utilizar todos os pontos fortes da criança (conhecimentos específicos em qualquer âmbito, habilidades particulares, capacidades visuoespaciais) para criar oportunidades de relações sociais nas quais ela possa se sentir apreciada e competente.

○ Ofereçam modelos de comportamento ou de resposta às demandas do ambiente (o que fazer, o que dizer, o que evitar, quando acontece isto podemos fazer aquilo etc.).

○ Ajudem os colegas a compreender os motivos pelos quais a criança se isola, estimulem-nos e apoiem-nos quando tentam envolvê-la nas atividades ou nas brincadeiras.

○ Tentem ajudar a criança (e seus colegas) a iniciar, manter e concluir uma breve conversa.

Pacto educativo

Podemos recolher muitas informações dos pais e dos outros adultos de referência: podemos perguntar-lhes quais são as crianças com as quais ela consegue interagir melhor no parque, no grupo de escoteiros ou no centro de reabilitação, que características elas têm e como se aproximam dela. Também podemos relatar aquilo que observamos em relação às modalidades de relação e comunicação com os colegas de turma.

É oportuno estabelecer poucos e claros objetivos compartilhados entre a família, os operadores e as operadoras, a serem monitorados e verificados ao longo do tempo, e seria realmente valioso utilizar as mesmas estratégias educativas ou alguns instrumentos específicos. Pode-se, por exemplo, colaborar com a criação de histórias sociais (cf. o aprofundamento na p. 63) úteis tanto em casa quanto na escola, ou refletir juntos sobre como estruturar atividades lúdicas com os irmãos/amigos.

É muito importante que todos aqueles que cuidam da criança compreendam que, para ajudá-la a desenvolver concretamente habilidades sociais que possam ser utilizadas imediatamente nos contextos de vida, não é suficiente levá-la onde há coetâneos que realizam atividades. Nessas situações, sem a mediação de um adulto, muitas vezes a criança com autismo renuncia imediatamente à interação com os outros. Se ninguém lhe ensina explicitamente a respeitar sua vez durante a partilha de uma brincadeira, a pedir permissão para jogar ou o que fazer se outra criança se aproxima para brincar, a experiência pode ser tão frustrante a ponto de causar comportamentos problemáticos que correm o risco de limitar fortemente as possibilidades de inclusão social.

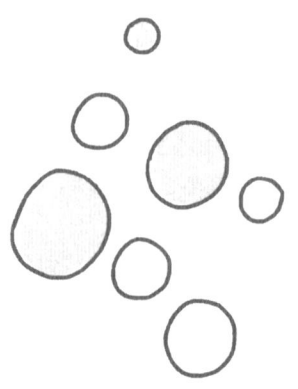

Tanto em âmbito escolar quanto doméstico ou extraescolar, será oportuno não perder a oportunidade de trabalhar, por exemplo, as capacidades de:

- iniciar, manter e encerrar uma conversa, ouvir alguém com atenção;
- pedir e oferecer ajuda, agradecer quando oportuno;
- apresentar-se aos outros, respeitar a sua vez;
- conhecer e comunicar as próprias emoções, controlar a própria raiva, aceitar uma rejeição, reagir às provocações.

Estruturação

- Antecipem e esclareçam para a criança quais serão os momentos em que ela terá que realizar atividades em um pequeno grupo e quais serão os momentos de pausa em que ela também poderá ficar sozinha.
- Organizem atividades específicas para favorecer o contato visual, a atenção e a emoção compartilhadas, o respeito pela própria vez, o compartilhamento dos materiais didáticos e dos brinquedos.
- Criem histórias sociais (cf. o aprofundamento na p. 63) que tornem claras e compreensíveis as expectativas e as principais regras sociais (comportamentos adequados no ginásio, na sala de aula, no pátio etc.). Coloquem-nas em um local estabelecido, de modo que a criança possa vê-las também autonomamente.
- Criem suportes visuais (cartazes, livretos, mapas ou esquemas) que forneçam indicações específicas sobre as regras das interações sociais ou sobre algumas situações que

ocorrem em sala de aula. Por exemplo: ouvir o colega falar, compartilhar um brinquedo, cumprimentar os colegas quando se chega ou se sai da escola etc. Ou: "Mario roubou o meu lápis: o que eu posso fazer? A professora repreendeu um amigo: o que eu posso fazer?"

Os conselhos do especialista

O objetivo principal do(a) professor(a) deve ser o de fazer com que a criança experimente seu próprio senso de autoeficácia ("Eu também sou capaz!"), além de um senso de prazer ("Eu também gosto de estar aqui!") ao interagir com as outras crianças.

- Na primeiríssima fase, pode-se começar deixando que a criança brinque *em isolamento*, ou na modalidade que geralmente lhe é mais conveniente, mas dentro do contexto de grupo (turma).
- Posteriormente, podem ser propostos momentos de *brincadeira em paralelo*, ou seja, um pequeno grupo de crianças que realizam, cada uma individualmente, a mesma atividade (p. ex., ao redor da mesma mesa), permitindo que a criança se acostume à proximidade física dos colegas. Essa modalidade de abordagem permite que a criança se sinta competente para terminar autonomamente a mesma atividade que os colegas e não envolve o esforço de se coordenar com eles.
- Por fim, por meio da mediação do adulto, as crianças serão estimuladas a cooperar na realização de uma mesma atividade *jogo cooperativo*, revezando-se (p. ex., jogando bingo ou memória, construindo uma torre de cubos ou um quebra-cabeça etc.).

APROFUNDAMENTO

As histórias sociais

As histórias sociais são um dos instrumentos mais úteis para ensinar uma série de regras de comportamento, convenções e habilidades de autonomia pessoal para crianças e adolescentes com transtorno do espectro do autismo ou outras deficiências complexas. Elas servem para explicitar muitas informações que, em geral, as pessoas neurodiversas custam a aprender pela mera exposição ao contexto e imitação. Substancialmente, as histórias sociais apresentam (com texto e imagens) as situações e o comportamento que é oportuno ter, antecipando algumas dificuldades que poderiam ocorrer e como enfrentá-las. Por exemplo, podem descrever e ensinar a como lavar as mãos, mas também a brincar com os outros ou a voltar para casa sozinho depois da escola.

As histórias sociais fornecem respostas claras a algumas perguntas-chave:

- O que está acontecendo?
- Quem está fazendo o quê?
- Por que isso acontece?
- Que regra cultural, institucional ou individual está na base daquilo que as pessoas fazem?
- Quais são as respostas socialmente aceitáveis que podem ser dadas na situação específica?

A história deve ser adaptada às habilidades cognitivas e comunicativas da criança à qual se dirige, tanto em nível de texto quanto de imagens, verificando se são realmente compreensíveis e fazem parte de seu repertório cotidiano.

TEM DIFICULDADE

de pôr-se no lugar dos outros

O QUE FAZER

✓ Forneçam à criança explicações sobre o "invisível" que está por trás dos comportamentos.

✓ Incentivem os colegas a explicar à criança quais emoções eles sentem em determinadas situações ou por que realizaram determinadas ações.

✓ Favoreçam o jogo simbólico em pequenos grupos para desenvolver as habilidades de imaginação.

O QUE NÃO FAZER

✗ NÃO se irritem se a criança rir na frente de um professor, professora ou colega que está chorando ou está mal. Não é por maldade!

✗ NUNCA assumam como evidente a compreensão dos pensamentos e das emoções alheios.

O que ter em mente

Ao lado da clássica acepção de inteligência, como educadores também podemos favorecer o desenvolvimento da inteligência intrapessoal (capacidade de conhecer a si mesmo, os próprios sentimentos ou as motivações que condicionam o próprio comportamento), da inteligência interpessoal e da empatia (capacidade de compreender as emoções, os estados de ânimo e os sentimentos dos outros para interagir com eles de forma colaborativa).

Atualmente, sabemos que os neurônios-espelho, junto com outras estruturas neurofisiológicas do cérebro, constituem provavelmente a base biológica da empatia e podem ser "treinados" desde a primeiríssima infância. Da mesma forma, a teoria da mente, que permite uma compreensão instintiva dos estados mentais alheios, geralmente está presente desde o primeiro ano de vida nas crianças com desenvolvimento típico.

A capacidade de se relacionar com o outro pressupõe uma multiplicidade de habilidades como, por exemplo, a orientação, a ativação, a capacidade de alternância nos turnos, a imitação, a atenção, a emoção e a intenção conjunta[7]: uma série de obstáculos nada pequenos para uma criança com autismo.

Muitos alunos e alunas com transtornos do espectro do autismo podem apresentar dificuldades marcantes de "pôr-se no lugar do outro", porque o desenvolvimento da teoria da mente é prejudicado em nível neurobiológico.

Além disso, trata-se de compreender e responder a mensagens complexas, e essas crianças apresentam um déficit de coerência central, ou seja, uma dificuldade de integrar informações

---

7 Para uma definição sintética desses aspectos, cf. a *Check-list para a observação – Interação social*, na p. 64.

em diferentes níveis. Elas se concentram mais nos detalhes e não no significado global.

Por esses motivos, para desenvolver e potencializar essas habilidades, será necessário trabalhar:

- no reconhecimento das emoções próprias e das outras pessoas (reconhecimento das expressões do rosto em fotografias e em desenhos esquemáticos, identificação das emoções causadas por situações, desejos e opiniões);

- na discriminação das falsas crenças e na compreensão de como e o que as outras pessoas podem perceber, conhecer e acreditar (compreender e imaginar o que as outras pessoas veem a partir de sua perspectiva, isto é, como a realidade percebida aparece para as outras pessoas, prever ações com base no que uma pessoa sabe, compreender que as pessoas podem ter falsas crenças ou ideias que não correspondem à realidade observável com base em experiências ou conhecimentos anteriores);

- no brincar simbólico, utilizando, por exemplo, objetos com uma função diferente da usual (almofadas como se fossem carros), que assumem papéis (o urso é o papai, e a gatinha é a filha), que se tornam "outro" (a torta de massinha de modelar se torna uma torta a ser provada pela mamãe de faz de conta), ou aos quais são atribuídos pensamentos e emoções (agora o ursinho está com fome e quer comer, ou o coelho está zangado porque a tartaruga roubou sua cenoura).

Como intervir

- Ajudem a turma a compreender os motivos pelos quais o colega não consegue se pôr no lugar do outro, nem compreender as motivações, os desejos ou as emoções que estão por trás dos comportamentos.

○ Identifiquem os colegas com quem a criança interage com mais facilidade e peçam-lhes que, um de cada vez, assumam o papel de tutor para explicar à criança os aspectos "ocultos" dos comportamentos dos outros.

○ Aproveitem todas as oportunidades possíveis que surgirem em sala de aula para estimular a criança a reconhecer seus próprios estados emocionais e aqueles que podem ser deduzidos a partir do rosto dos colegas ou de suas reações.

○ Utilizem os suportes visuais mais adequados para cada criança, para tornar mais claros os aspectos ligados ao pensamento das outras pessoas.

○ Utilizem as histórias sociais para explicar à criança que todos têm emoções, desejos e pensamentos, e que podem ser diferentes dos dela.

○ Ofereçam modelos de comportamento (confortar a colega que está chorando, perguntar-lhe como podemos ajudá-la etc.) que possam ser generalizados nos diversos contextos de vida.

Pacto educativo

Pais e educadores, quando ativamente envolvidos em um trabalho compartilhado e conjunto, podem contribuir notavelmente para ampliar as habilidades de leitura da mente. Pode ser preparado um caderno de histórias sociais para ajudar a criança a compreender as principais regras sociais e os comportamentos mais adequados a serem implementados (pedir e oferecer ajuda a um familiar para realizar pequenas tarefas, expressar apoio e proximidade à irmã quando está triste etc.).

Os familiares podem captar todas as oportunidades que se apresentam na vida cotidiana para incrementar a habilidade de leitura da mente dos outros, explicando à criança, por exemplo, por que a mamãe está triste, por que o irmãozinho se ofendeu, por que a avó esperava que ela lhe desejasse feliz aniversário ou por que a criança no parque ficou com raiva.

Estruturação

○ Preparem atividades programadas para treinar habilidades de leitura da mente. Pode ser muito útil dedicar um momento semanal com toda a turma (p. ex.: "Vamos tentar imaginar o que a menina representada nesta imagem está sentindo").

○ Criem suportes visuais e/ou histórias sociais para tornar claros e compreensíveis alguns comportamentos pró-sociais a serem implementados em sala de aula (p. ex., consolar ou ajudar um colega em dificuldade, emprestar o próprio material de trabalho quando algum colega precisa etc.).

○ Utilizem, o máximo possível, imagens, vídeos ou outros suportes visuais na didática para todos e todas, especialmente ao tentar trabalhar os aspectos "não visíveis" dos comportamentos humanos.

○ Se tiverem a possibilidade, realizem atividades de laboratório específicas (percurso de educação afetiva, oficina teatral). Antecipem tais momentos tornando-os previsíveis também por meio de uma imagem que será inserida no calendário diário e/ou semanal das atividades.

○ Expliquem de forma gráfica os pensamentos dos personagens de uma história (p. ex.: "Vamos tentar imaginar o que os personagens estão pensando e sentindo, e vamos escrever nos balões/quadrinhos").

Os conselhos do especialista

Muitas vezes, os colegas conhecem melhor as necessidades especiais do próprio colega com transtorno do espectro do autismo do que muitos educadores e professores, que se revezam ao longo dos percursos formativos. Se forem ouvidos, envolvidos e orientados adequadamente pelos educadores, podem contribuir ativamente para ensinar ao colega (e podem aprender junto com ele) novas e diferentes modalidades de comunicação e de relação entre pares, para conhecer melhor as próprias características, emoções, pontos fortes e limites. Isso significa fazer todos juntos, como turma, um caminho de crescimento pessoal e social de valor inestimável.

Portanto, tentem tornar interessante e divertida para todos e todas a atividade de treinamento sobre a leitura da mente: desse modo, os outros alunos e alunas também estarão mais dispostos a ajudar o colega a captar os aspectos mais "sutis" dos comportamentos cotidianos.

Estimulem as crianças a se tornarem pequenos "detetives" dos comportamentos: muitas vezes, os colegas da criança com autismo se sentem muito úteis e gratificados ao serem seu tutor e fornecerem ajuda.

○ Ao trabalharem as habilidades de leitura da mente, certifiquem-se de que o nível de atenção da criança seja suficiente para se dedicar a uma atividade tão complexa, criando as condições oportunas (eliminar distrações e estímulos que possam perturbar etc.).

○ Gratifiquem sempre a criança quando ela tentar "entender" o comportamento dos outros com base em crenças, desejos e intenções diferentes dos seus.

APROFUNDAMENTO

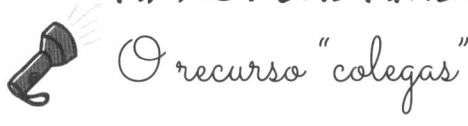

O recurso "colegas"

De que modo os outros alunos e alunas da turma podem ajudar o colega com autismo? De muitas maneiras diferentes, assim como são infinitas as *nuances* dos transtornos do espectro do autismo! Isso significa, em primeiro lugar, ser curioso e paciente, aprendendo a conhecer e a respeitar as características peculiares do próprio colega como pessoa, interagindo e se comunicando com ele ou ela cotidianamente.

Em particular, os professores e os alunos podem criar uma aliança para ajudar a criança a melhorar a comunicação receptiva e expressiva, e a interação social na turma com alguns cuidados, por exemplo:

- conhecer e utilizar em primeira pessoa os suportes visuais que ela utiliza (agenda visual, imagens, Comunicação Aumentativa e Alternativa etc.);
- explicar sempre o significado das expressões não literais utilizadas;
- ignorar eventuais comportamentos problemáticos que tenham a função de chamar sua atenção;
- oferecer-lhe oportunidades diferentes e cotidianas de se dirigir a um colega para um propósito específico (uma atividade a ser feita juntos) também por meio de atividades de tutoria, aprendizagem cooperativa e trabalho em pequenos grupos;
- explicar por que se comportaram de uma certa maneira ou quais sentimentos tiveram em uma dada situação.

CHECKLIST PARA OBSERVAÇÃO

Interação social

☑ *Orientação*. Reagir aos estímulos e distinguir o que é novo e relevante daquilo que não é.

☑ *Ativação*. Ativar-se emocional e fisicamente diante de um estímulo relevante.

☑ *Atenção*

→ *Atenção visual e auditiva*. Fixar espontaneamente os objetos, olhar para um objeto por indicação gestual ou verbal, ou seguir com o olhar objetos que se movem.

→ *Atenção sustentada*. Manter, por um tempo suficiente, a atenção em um determinado estímulo.

→ *Atenção conjunta*. Alternar o olhar entre aquilo que está sendo observado e o rosto do interlocutor, seguir com o olhar as indicações alheias, verificar para onde o outro dirige seu olhar e olhar na mesma direção, levar algo à outra pessoa para lhe mostrar.

☑ *Imitação*. Imitar gestos, posturas, movimentos, expressões do rosto, ações complexas.

☑ *Compartilhamento e alternância*

→ *Emoção conjunta*. Rir ou sorrir juntos na mesma situação, manifestar emoções em resposta ao comportamento do outro, adaptar as próprias emoções com base nas manifestadas pelo outro.

→ *Intenção conjunta*. Reconhecer se os próprios propósitos e desejos são compartilhados pelos outros ou são diferentes.

→ *Alternância*. Trocar olhares, sorrisos, sons; revezar-se no uso de objetos, na realização de ações ou respeitar os turnos na conversa.

☑ *Emoções*

→ *Compreensão dos próprios estados emocionais*. Ter autoconsciência e reconhecer as próprias emoções e sentimentos.

→ *Compreensão dos estados emocionais do outro*. Ouvir e ter empatia, interesse e compreensão pelas exigências, pelos sentimentos e pelas perspectivas alheias.

→ *Controle e gestão dos próprios estados emocionais*. Reconhecer, controlar e dominar as próprias emoções, a fim de expressá-las de modo construtivo e torná-las funcionais e apropriadas à situação específica.

☑ *Gestão das interações e das relações*. Ativar e manter positivamente as relações; induzir respostas desejáveis nas outras pessoas (colegas, adultos e outras figuras de referência).

☑ *Resolução de problemas relacionais*. Reconhecer, enfrentar e resolver os problemas que surgem nas relações de modo construtivo e colaborativo.

☑ *Gestão do estresse*. Conhecer, reconhecer e controlar as fontes de maior tensão emocional, as situações ou as demandas percebidas como excessivas/difíceis.

☑ *Avaliar os efeitos*

➡ *Avaliar as consequências das próprias ações.* Compreender o nexo causal entre ações realizadas e efeitos sobre o ambiente físico e relacional.

➡ *Avaliar os efeitos da própria comunicação (verbal e não verbal) na interação.* Reconhecer pontos fortes e limites das próprias habilidades comunicativas, também não verbais, os efeitos que a comunicação tem sobre si mesmo e sobre os outros, as eventuais formas alternativas que podem ser utilizadas.

☑ *Aspectos problemáticos*

➡ *Comportamentos problemáticos.* Comportamentos que podem criar um dano, um obstáculo ou um estigma social à pessoa que os realiza e/ou à relação com seu ambiente.

➡ *Bullying e ciberbullying.* Risco de se tornar vítima e/ou protagonista de episódios de *bullying* e *ciberbullying*, discriminação, violência. Eventuais sinais de desconforto e mal-estar.

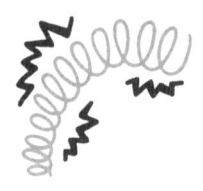

Comunicação

6

TEM DIFICULDADE
de comunicação

Porque algumas áreas do cérebro da criança apresentam anomalias funcionais e não são ativadas adequadamente em resposta aos estímulos comunicativos.

Porque ela tem dificuldade de compreender e usar corretamente a linguagem nas interações sociais (pragmática da comunicação).

O QUE FAZER

✓ Usem uma linguagem adequada ao desenvolvimento da criança.

✓ Enfatizem a comunicação verbal usando as expressões do rosto e/ou os gestos.

✓ Quando a criança conseguir se comunicar espontaneamente, de qualquer modo, deem-lhe atenção imediatamente.

✓ Quando fizerem uma pergunta a ela, tenham paciência para esperar a resposta: ela pode precisar de tempo para elaborar!

O QUE NÃO FAZER

✗ NÃO esperem para responder às demandas da criança, expressadas tanto com palavras quanto utilizando imagens.

✗ NÃO a obriguem a se expressar também verbalmente, se ela já expressou uma demanda usando uma imagem.

✗ NÃO se concentrem nas dificuldades, mas sim nos pontos fortes.

O que ter em mente

Quando consideramos a comunicação, devemos ter em mente tanto a verbal quanto a não verbal.

A comunicação verbal pode ser realizada por meio de vocalizações, combinações de vogais e consoantes, palavras individuais e associações de palavras (frases simples e complexas). A comunicação verbal geralmente é acompanhada por traços paralinguísticos, em particular:

- o volume da voz;
- a prosódia, que pode ser monótona, mecânica, melodiosa etc.;
- o tom, que pode ser gutural, nasal, em falsete etc.;
- o ritmo, que pode ser mais lento ou mais rápido do que o normal.

As habilidades de comunicação não verbal são tão importantes quanto as verbais. Na comunicação não verbal, assumem particular importância:

- o olhar, que reflete o tipo de relação existente entre os sujeitos que se comunicam, regula os comportamentos e as atitudes recíprocas e condiciona a evolução do intercâmbio (continuação ou interrupção);
- as expressões do rosto, que podem esclarecer ou confundir, dependendo se manifestam ou não emoções apropriadas à situação e ao conteúdo da comunicação verbal;
- a postura e a proximidade entre os interlocutores, que geralmente são condicionadas por fatores socioculturais e contextuais.

Existe um código social de regras compartilhadas e não explicitadas a serem respeitadas: por exemplo, espera-se que um interlocutor esteja a uma distância adequada do outro (nem perto nem longe demais), não invada o espaço do outro, não fale "em cima" do interlocutor etc.

São aspectos úteis de se observar para compreender como a criança com autismo se comunica e para identificar seus recursos e dificuldades. De fato, nas pessoas com autismo, algumas áreas do cérebro apresentam anomalias funcionais. Esse comprometimento influencia tanto as habilidades verbais e não verbais quanto a compreensão, quanto ainda a produção da linguagem e dos gestos comunicativos.

Nas crianças com transtornos do espectro do autismo, o desenvolvimento da linguagem verbal pode ocorrer com atraso ou estar completamente ausente. Quando a linguagem se desenvolve, pode haver consideráveis dificuldades para iniciar, manter ou concluir uma conversa. Além disso, podem se apresentar peculiaridades como a ecolalia imediata e diferida (cf. o cap. 9) e um uso não adequado dos pronomes pessoais, um fenômeno definido como "inversão pronominal". De fato, a comunicação "típica" prevê que o sujeito se dirija ao seu interlocutor referindo-se a si mesmo com o pronome "eu" e ao outro com o pronome "você", e que o interlocutor, ao responder, faça o mesmo, falando de si mesmo como "eu" e do outro como "você". Na interação verbal com uma pessoa autista, pode ocorrer que ela fale de si mesma usando o pronome da segunda ou da terceira pessoa do singular e que repita esquemas aprendidos mesmo que com funções diferentes. Por exemplo, ela pode dizer: "Você está com sede?"

ou "Júlio está com sede" para pedir água. Ou pode utilizar uma palavra ou uma frase aparentemente absurda ou incoerente no contexto ("Plataforma 11") para pedir um lanche, pois um dia, enquanto esperava o ônibus com sua mãe, o lanche que ela queria lhe foi dado no momento exato em que os alto-falantes da rodoviária avisavam sobre uma mudança de plataforma.

Quanto à comunicação não verbal, as crianças com autismo muitas vezes não conseguem usar um gesto comunicativo, como apontar para fazer um pedido, e, em vez disso, fazem um uso instrumental do braço do adulto. Quando querem um objeto que está sobre um móvel alto, elas pegam o adulto pela mão, levam-no até o móvel e movem a mão dele na direção do objeto desejado; ou, para fazer um brinquedo funcionar, pegam a mão do adulto e a levam até o objeto.

Como intervir

Comunicar é uma necessidade e um direito de todas as crianças: tentemos descobrir qual é a forma mais adequada e eficaz para cada uma delas. Mesmo que uma criança não desenvolva a linguagem verbal ou apresente dificuldades significativas em usá-la, isso não significa que ela não possa se comunicar eficazmente com sistemas alternativos, como a troca de imagens ou de objetos, a Língua Brasileira de Sinais (Libras), tabelas ou esquemas, os *softwares* para comunicação.

○ Comecem sempre a partir daquilo que a criança sabe fazer: observem e avaliem atentamente as habilidades de comunicação adquiridas e emergentes, colaborando também com os profissionais de saúde que redigiram o diagnóstico, com o(a) professor(a) especializado(a) para o apoio e com todas as outras figuras que cuidam da criança (educadores, pedagogos, assistentes de comunicação).

○ Aproveitem as habilidades visuais, usando suportes visuais para se comunicarem: imagens, símbolos, Comunicação Aumentativa e Alternativa (CAA) etc.

○ Tentem criar oportunidades "motivadoras" para a criança se comunicar. Se ela mostrar interesse por uma ação específica, por exemplo se balançar, ou por um fantoche específico, vocês podem iniciar a comunicação justamente a partir desses elementos.

Pacto educativo

Para desenvolver as habilidades de comunicação funcional da criança com autismo é fundamental conseguir estabelecer um programa compartilhado entre pais, professores(as) curriculares e de apoio, assistentes de comunicação e quaisquer outros operadores(as) que cuidem delas em âmbito extraescolar.

Compartilhar modalidades e instrumentos de trabalho permite ter uma abordagem coerente, que não confunda nem frustre a criança: por exemplo, se em casa a criança aprendeu a pedir água usando uma imagem, é importante que também na escola ela possa fazer o mesmo pedido usando a mesma imagem. Caso contrário, corre-se o risco de que a criança não consiga generalizar a habilidade adquirida em casa em outros ambientes.

Estruturação

Estimular as habilidades comunicativas no transtorno do espectro do autismo significa acompanhar a criança a ser um sujeito ativo no intercâmbio, ajudando-a a aprender um sistema de comunicação funcional.

Em primeiro lugar, intervenham nos pré-requisitos da comunicação, ou seja, nas habilidades de partilha, de reciprocidade e de intencionalidade, favorecendo a capacidade da criança de participar em uma troca comunicativa com o adulto. Para esse objetivo, "manipulem" o ambiente de modo a criar as condições para que a criança seja motivada a buscar ativamente a interação com o adulto, fazendo pedidos. Organizar os espaços e os tempos de acordo com uma ordem previsível é outra estratégia para facilitar a comunicação, assim como a estruturação de rotinas sociais.

➙ A função solicitativa é uma das primeiras e fundamentais competências que devem ser ensinadas, pois é o pré-requisito fundamental para desencadear uma comunicação. Como já mencionado, coletem informações sobre a criança e sobre o que ela gosta de fazer (pular, escalar, correr, balançar) ou de utilizar (*fidget spinner*, estojo de super-herói, bola, baralho, *tablet*, aplicativos ou *softwares* específicos): a motivação é o motor da aprendizagem. Disponibilizem os objetos e os materiais de que ela gosta no ambiente, colocando-os de modo que fiquem visíveis, mas não acessíveis autonomamente à criança. Ao fazerem isso, vocês criam um estado de necessidade/desejo que a incentiva e favorece sua intencionalidade comunicativa. Por exemplo, se a criança gosta de dinossauros, vocês podem colocar alguns livros sobre o tema em uma estante alta, para que a criança possa vê-los, mas não possa pegá-los sozinha e "deva", portanto, fazer um pedido ao adulto para obter o objeto desejado.

⮕ Fornecer ⌐ordem e estruturação espaçotemporal⌐ em geral aju-da muito as crianças a melhorarem a atenção e a concentração em uma tarefa, a aumentarem as habilidades de comunicação receptiva e, portanto, a compreenderem melhor o que poderão ou não fazer nos diferentes momentos do dia, quais materiais e instrumentos poderão escolher ou junto com quais pessoas po-derão realizar as atividades.

- Organizem o ambiente de modo a eliminar tudo o que possa criar confusão ou desconforto: eventuais estímulos visuais e auditivos perturbadores (luz solar direta, p. ex.), os materiais que não são necessários para a atividade em andamento, particularmente cartolinas coloridas etc.
- Estabeleçam "locais dedicados" às diferentes atividades – por exemplo, a mesa onde se trabalha, o espaço onde se brinca, o lugar onde se faz o lanche – e os identifiquem: dependen-do das habilidades de compreensão adquiridas pela criança, podem ser usados objetos reais, fotografias, imagens, textos.
- Mantenham os materiais organizados em recipientes reco-nhecíveis (p. ex., as bolinhas coloridas ficarão dentro de uma caixa) com um "marcador" do lado de fora que esclareça seu conteúdo (pode ser a expressão "bolinhas coloridas", a foto das bolinhas etc.).

⮕ ⌐As rotinas sociais,⌐ ou seja, a repetição de sequências de interação, são um dos instrumentos de maior impacto psicoe-ducativo, pois, a partir da motivação espontânea da criança, favorecem a aprendizagem de modalidades comunicativas (so-licitativas) adequadas, funcionais e altamente reforçadoras. Em uma rotina social, o professor, a professora ou um colega cria uma (expectativa) do que fará, repetindo uma ação várias vezes, de modo que se torne previsível. Uma vez estabelecida uma rotina, o professor, a professora ou um colega a interrompe e espera que a criança faça um ato intencional qualquer – vocalização, ato motor, expressão de uma palavra, conexão visual etc. – para retomá-la. Por exemplo, alguém pode fazer bolhas de sabão algumas vezes na frente da criança e permitir que ela brinque com elas ou as faça estourar. Depois de uma série de repetições da sequência (uma pessoa faz as bolhas, a criança as estoura, a outra pessoa faz as bolhas de novo etc.), o sujeito-agente começa a criar uma expectativa, levando o anel das bolhas para a frente da boca e esperando antes de soprar. Enquanto espera, é provável que a criança tente retomar a rotina interrompida, fazendo um ato intencional qualquer. Em todo o caso, após seu pedido, a criança deve ser reforçada imediatamente, dando-lhe o que ela deseja, no nosso exemplo fazendo as bolhas.

O mesmo poderia ser feito pelo(a) professor(a) que apresenta à criança seu livro favorito (ou qualquer material que ele ou ela ache que possa interessá-la): antes de entregá-lo à criança, pode esperar um instante, folheá-lo e esperar que ela faça um ato comunicativo.

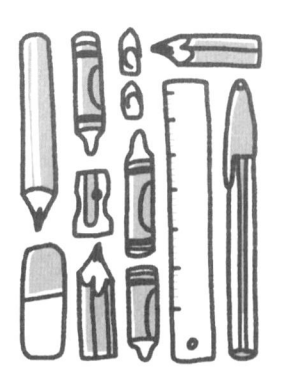

Muitas vezes, bastam poucos segundos: só devemos nos lembrar de oferecer à criança esse tempo e essa preciosa possibilidade!

APROFUNDAMENTO

Dificuldades de comunicação e comportamentos problemáticos

As dificuldades de comunicação podem dar origem a comportamentos problemáticos, ou seja, comportamentos que:

- prejudicam a criança (autolesão), outras pessoas ou o ambiente (agressividade);
- criam obstáculos ao seu desenvolvimento, à aprendizagem ou à relação com o ambiente;
- expõem a criança ao estigma social, limitando suas possibilidades de real inclusão escolar e social.

Por exemplo, estereotipias que absorvem completamente a atenção da criança ou comportamentos socialmente inadequados (tirar a roupa em público, jogar-se no chão para protestar etc.).

Muitos desses comportamentos nascem da:

- incapacidade de compreender as demandas do ambiente, especialmente, como vimos, as de natureza social;
- dificuldade em comunicar necessidades e desejos;
- dificuldade em gerir as emoções ou, em alguns casos, alterações perceptivas subjetivas (p. ex., a hipersensibilidade a alguns estímulos).

Desenvolver as habilidades de comunicação expressiva e receptiva também significa oferecer instrumentos preciosos para prevenir ou reduzir comportamentos problemáticos muitas vezes difíceis de gerir. Nunca subestimem o esforço que a criança faz para tentar se comunicar com os outros, nem o quão libertador pode ser para ela encontrar uma forma, qualquer que seja, para se expressar.

CAPÍTULO 7

NÃO SEGUE NORMAS
de conversação

O QUE FAZER

✓ Criem ocasiões de conversação com um colega com base em um interesse comum.

✓ Deem exemplos concretos de modos para iniciar, manter e concluir uma conversa.

✓ Ensinem a criança a fazer perguntas e a responder àquelas que lhe são feitas.

✓ Ensinem-na a observar as expressões do rosto e os gestos do interlocutor.

O QUE NÃO FAZER

✗ NÃO a repreendam se ela desviar a atenção em relação ao colega ou ao assunto da conversa.

✗ NÃO desistam: essas habilidades só podem ser adquiridas por meio de um longo treinamento.

O que ter em mente

No processo de aquisição da linguagem, podemos identificar alguns atos comunicativos que precedem e fundamentam o desenvolvimento da comunicação verbal. Trata-se dos gestos protoimperativos (indicar alguma coisa para obtê-la), dos gestos protodeclarativos (indicar alguma coisa para compartilhar a atenção sobre ela) e das rotinas sociais, como o ato de cumprimentar. No desenvolvimento atípico, esses atos comunicativos muitas vezes estão ausentes, e isso parece estar relacionado ao "déficit de teoria da mente", que se traduz em dificuldades significativas na compreensão dos estados mentais dos outros, isto é, seus pensamentos, opiniões e intenções. Não conseguir dar um significado ao comportamento dos outros e a prever o que farão ou o que esperam é um obstáculo enorme em uma troca comunicativa.

→ Além disso, nos transtornos do espectro do autismo, muitas vezes existe um escasso interesse pelas pessoas, que envolve:

- pouca consciência do nível de conhecimento do ouvinte, razão pela qual o sujeito com autismo fala ao interlocutor sobre coisas presumindo que este as conheça;
- a falta de descrição de pensamentos, emoções e motivações dos personagens ao narrar alguma coisa;
- a falta de atenção ao contexto social e cultural dos eventos.

No capítulo anterior vimos que, em muitos casos, crianças com transtornos do espectro do autismo não desenvolvem a linguagem verbal. No entanto, mesmo quando a desenvolvem, sua comunicação pode apresentar anomalias. De modo particular:

○ dificuldade de iniciar uma conversa ou de escolher o assunto, de se concentrar nas novas informações que o interlocutor fornece, de variar os assuntos. A conversa "típica" da criança autista tende a ser uma espécie de "monólogo" centrado em seus interesses pessoais, muitas vezes restritos e peculiares, ou uma sequência de perguntas repetitivas para as quais ela já sabe as respostas;

○ dificuldade em manter uma conversa, fazendo perguntas apropriadas, comentando de forma adequada, acrescentando informações, pedindo esclarecimentos e respondendo aos pedidos de explicação;

○ dificuldade em concluir uma conversa, utilizando, por exemplo, frases gentis para saudar;

○ dificuldade em respeitar as regras sociais, como a alternância dos turnos, a adaptação à evolução da conversa e às expressões do outro. Por exemplo, a criança pode não captar o escasso interesse do outro pelo assunto proposto e insistir nesse tema, mesmo que o interlocutor dê claros sinais de cansaço e tédio, bocejando. O não respeito pelas convenções na comunicação se manifesta, por exemplo, quando a criança interrompe bruscamente a conversa, indo embora ou se virando para o outro lado, sem utilizar modalidades comumente aceitas, como dizer: "Já está tarde. Agora eu tenho que ir embora".

Como intervir

À luz dessas dificuldades, é necessário ensinar à criança com autismo as habilidades sociais necessárias para conversar de forma adequada, como, por exemplo, adaptar as próprias informações às do parceiro comunicativo, ceder a vez quando oportuno, permitir que o outro termine de falar sem interromper.

- Usem as histórias sociais para ajudá-la a se colocar no lugar das outras crianças.
- Ajudem os colegas a compreender que a criança com autismo pode querer conversar com eles, mas não sabe como fazer isso.
- Aproveitem todas as oportunidades em que a criança ou seus colegas iniciam uma conversa espontânea para oferecer ajuda, sugestões e exemplos, se vocês notarem dificuldades.
- Ajudem a criança a reconhecer seus erros e a pedir desculpas quando, por exemplo, não conseguir respeitar a sua vez.
- Combinem com a criança uma imagem ou um gesto, como a mão aberta, a ser usado para indicar um sinal de "pare" quando ela interromper o colega que está falando.
- Ensinem à criança que é possível passar de um assunto a outro de modo flexível (p. ex., por meio de uma história social).
- Gratifiquem-na sempre que ela conseguir respeitar a sua vez, a iniciar ou a concluir corretamente a conversa.
- Incentivem a conversa e a troca de ideias também por meio do WhatsApp, das redes sociais digitais ou de fóruns de discussão, sob a supervisão de um adulto.

Pacto educativo

Perguntem aos pais e às outras figuras de referência como a criança se comporta quando conversa. Procurem entender junto com eles em quais momentos/contextos a criança tem mais dificuldades e se há situações em que ela interrompe os outros quando falam entre si (p. ex., à mesa, assistindo a um filme, durante uma brincadeira com os irmãos). Combinem com as outras figuras de referência como intervir.

Estruturação

O professor ou a professora pode ajudar a criança estruturando tempos e espaços de forma a evidenciar os três aspectos: do que falar, como fazer e quando.

Por um lado, devem ser explicitadas as regras sociais da conversação; por outro, devem ser treinadas as habilidades para entabular um discurso, fazer perguntas, responder.

○ Construam suportes visuais que explicitem as principais regras sociais e de conversação. Por exemplo, vocês podem criar um cartaz com as regras – escritas e representadas em imagens –, como: "Eu faço uma pergunta para começar a falar sobre um assunto" "Eu deixo a outra pessoa falar sem interrompê-la" "Eu espero a minha vez e depois falo" "Eu uso uma frase para concluir a conversa". É importante definir bem com a criança as regras da conversação.

○ Além disso, não é nada óbvio que a criança saiba reconhecer o momento para pôr tudo isso em prática. Portanto, na conversa, indiquem a ela o momento em que uma regra deve ser aplicada (p. ex., apontando para o cartaz).

○ Para ajudar a criança a respeitar as regras, pode ser útil introduzir um sistema de recompensa (economia de fichas). Cada vez que a criança respeita uma regra, a criança ganha uma ficha. Depois de receber um certo número de fichas por respeitar as regras, a criança pode trocá-las por um prêmio combinado. É importante definir antes tanto o prêmio que pode ser obtido quanto o número de fichas necessárias para obtê-lo. Inicialmente, para motivar a criança, é melhor estabelecer uma meta que seja certamente alcançável por ela, mesmo que sejam apenas três fichas.

∘ Ensinem a contar utilizando o "onde, quando, quem, o que eu fiz".

∘ Se a sala permitir, criem um espaço específico para o jogo/ treinamento da "conversação". Criem um momento estruturado para a criança se exercitar em manter um diálogo.

∘ Insiram na agenda visual diária uma imagem que represente claramente a atividade de conversação e sempre a tornem previsível.

∘ Utilizem um cronômetro visual e/ou ampulheta para tornar "visível" o tempo que vocês dedicarão a essa atividade.

∘ Deem à criança um programa claro, também visual, dos assuntos que podem ser escolhidos durante a atividade específica de conversação a dois e/ou em um pequeno grupo. Criem uma "caixinha de perguntas" na qual podem ser in-

seridos bilhetinhos com várias perguntas – por exemplo: "O que você fez ontem?" "Qual é sua comida favorita?" "Qual foi o último filme que você viu?" – para depois extraí-los com um ou mais colegas e tentar responder juntos. Ou preparem roteiros já prontos, escritos em uma folha, com referências visuais claras que indiquem quais partes devem ser lidas depois de ouvir as frases do colega. Vocês também podem escolher um tema e escrever com ela as possíveis perguntas relacionadas (façam com que ela se exercite em perguntar na sua vez: "E você?"). Vocês também podem filmar algumas trocas comunicativas para depois revê-las juntos e tentar ampliar algumas partes do discurso.

Os conselhos do especialista

Sempre tentem tornar a atividade divertida e estabeleçam claramente, com todas as crianças, como indicar ao colega, por exemplo, quando é a sua vez de falar (combinando também um gesto em código com ele ou ela), quando deve se calar porque está interrompendo alguém ou quando deveria mudar o assunto do diálogo.

Sensibilizem os colegas para que compreendam como é importante encorajar o colega à reciprocidade na conversa e como pode ser precioso, durante as conversas, explicar-lhe pacientemente o significado das piadas, dos duplos sentidos ou de algumas brincadeiras que ele não consegue compreender, ou ajudá-lo a entender quando um comportamento pode ser engraçado, divertido ou quando, ao invés disso, se torna socialmente "estranho" (sobre esse tema, cf. o cap. 8).

8 NÃO ENTENDE
senso de humor e ironia

Porque a criança é uma pensadora concreta.

Porque ela não entende que, muitas vezes, as pessoas utilizam expressões não literais (metáforas, duplos sentidos, piadas) para se divertirem.

Porque não consegue prestar atenção ao mesmo tempo à linguagem, ao tom, à postura e ao olhar das outras pessoas.

O QUE FAZER

✓ Tentem verificar frequentemente se a criança compreendeu a linguagem figurada.

✓ Peçam aos colegas de turma que lhe expliquem o significado de uma piada ou simplesmente por que estão rindo.

✓ Criem oportunidades específicas para que todos e todas trabalhem juntos sobre as metáforas, os duplos sentidos ou a linguagem não literal em geral.

O QUE NÃO FAZER

✗ NÃO riam na sua presença sem lhe explicar o porquê.

✗ NÃO se irritem se ela lhes responder de forma literal a frases que, para vocês, são claramente figuradas: ela não está tentando lhes provocar!

O que ter em mente

A alteração qualitativa da comunicação diz respeito, além da expressão, também à compreensão.

Uma dificuldade específica se encontra em entender mensagens verbais com um nível mais elevado de abstração ou implícitas: as metáforas, os duplos sentidos, as alusões, a ironia, o sarcasmo e as frases espirituosas.

Quando as crianças com autismo aprendem a usar a linguagem, a aprendizagem é mecânica. De fato, elas tendem a aprender as palavras do léxico sob a forma de "rótulos". Por exemplo, ao ouvirem as expressões "ter asas nos pés" ou "procurar pelo em ovo", elas somarão os significados das palavras individuais, sem captar o sentido metafórico.

Somam-se a isso todos os déficits de compreensão da criança, tanto no que diz respeito às regras de comunicação social quanto à teoria da mente. No senso de humor, os comportamentos não verbais das pessoas (olhar, gestos, expressão facial, tom de voz) ajudam a entender que significado dar a uma comunicação verbal, que pode estar em contraste com o significado literal.

Ou, diante da frase jocosa: "Livro de geometria chora desesperadamente: tem problemas demais", elas não conseguem levar em conta ao mesmo tempo dois significados diferentes. Algo semelhante ocorre com a ironia, que consiste em dizer uma coisa enquanto, na realidade, se pensa o contrário: para entendê-la, é preciso ter em mente o contexto e imaginar o que o outro está pensando. A dificuldade em integrar todos esses níveis da comunicação impede que uma criança com transtorno do espectro do autismo compreenda imediatamente uma mensagem não explícita.

Como intervir

Nas pessoas com autismo, a compreensão da linguagem geralmente é estritamente literal, mas, por meio de um ensino estruturado e aproveitando os pontos fortes da criança, é possível melhorar ou desenvolver também as habilidades de compreensão de mensagens implícitas ou mais complexas.

- Tentem explicar sempre os significados dos duplos sentidos, das piadas ou das metáforas que vocês utilizam diariamente na didática para todos e todas ("Você está com a cabeça nas nuvens" "Esta tarefa é mamão com açúcar" "Hoje eu me sinto um leão" etc.).
- Façam uma "cestinha das piadas", da qual se possa extrair uma por dia para ler e comentar juntos.
- Preparem um caderno de piadas, de frases bem-humoradas ou de expressões não literais que a criança também possa levar para casa.

Pacto educacional

Mesmo em casa ou em contextos extraescolares, é possível trabalhar diariamente sobre os aspectos ligados à linguagem não literal. Para desenvolver esse nível da comunicação, por exemplo, vocês podem sugerir aos pais que a criança escolha uma piada em particular e, depois de compreendê-la, tente contá-la aos avós ou a outras pessoas.

Estruturação

Não conseguir compartilhar momentos divertidos com os outros pode ser uma fonte de grandes frustrações e incompreensões. A criança pode se sentir excluída ou ridicularizada. Também, neste caso, o (grupo) pode ter um papel fundamental para acompanhá-la na descoberta desse aspecto da comunicação e dar-lhe uma força a mais para conversar com os colegas.

- Ajudem os colegas a compreenderem por que a criança tem dificuldade de "decifrar" uma linguagem não literal.
- Ajudem-nos a compreender que é possível ensinar a ela o senso de humor.
- Tentem propor jogos que possam incluir pequenas "piadinhas", antecipando a atividade para a criança com autismo, que, assim, se preparará para recebê-las com o espírito certo.
- Permitam que as crianças se tornem "tutores do senso de humor" e, por sua vez, intervenham diariamente para explicar ao colega os aspectos não literais da linguagem.
- Usem memes e outros suportes visuais divertidos para compartilhar em grupo.
- Tentem estimular a criança a conversar pelo WhatsApp com um parceiro usando um tom espirituoso ou fazendo piadas.
- Explorem as potencialidades da internet para pesquisar grupos e/ou fóruns de discussão sobre conteúdo divertido/piadas.

Os conselhos do especialista

Tentem apreciar cada pequeno resultado alcançado. Lembrem-se de que o desenvolvimento de habilidades de compreensão da linguagem não literal pode se tornar um meio para estabelecer relações afetivas significativas ou novas amizades. Permitam que a criança participe de momentos divertidos, nos quais se ri com os outros.

Nesse sentido, isso pode ajudar a criança a distinguir as situações nas quais se ri "com", em que todos e todas se divertem e não devemos nos ofender, daquelas em que se ri "de".

Isso significa, portanto, ajudá-la a entender se alguém está debochando dela ou não e se alguém, mesmo que por meio do seu envolvimento, está tentando zombar de outro colega ou está tentando intimidá-la, constrangê-la ou ridicularizá-la.

O desenvolvimento de habilidades de compreensão de dinâmicas sociais tão sutis, desde o Ensino Fundamental, pode se tornar um verdadeiro fator de proteção para ela se defender adequadamente, também no futuro, do *bullying*, da violência ou da discriminação.

CAPÍTULO 9 REPETE

palavras e frases

Porque repetir palavras ou frases (ecolalia) pode ser um modo de a criança se tranquilizar.

Porque pode ser uma tentativa de se comunicar.

Porque o som produzido pelas suas palavras pode lhe dar um *feedback* sensorial gratificante.

O QUE FAZER

✓ Tentem entender a função que esse comportamento tem para a criança específica.

✓ Tentem observar o que ocorre imediatamente antes (antecedentes) e logo depois (consequências) da repetição de palavras ou frases.

✓ Tentem descobrir se a ecolalia aumenta em atividades ou em momentos pouco estruturados e imprevistos, que podem gerar ansiedade, ou na presença de estímulos sensoriais aos quais a criança é hipersensível.

O QUE NÃO FAZER

✗ NÃO repreendam a criança e tenham paciência: talvez ela esteja tentando lhes comunicar alguma coisa!

✗ NÃO levantem a voz para superar o volume da voz dela.

O que ter em mente

Uma característica muitas vezes presente nos transtornos do espectro do autismo é a ecolalia, ou seja, a repetição (de modo exatamente idêntico) de palavras individuais ou de frases ouvidas anteriormente. Atualmente, é um dos aspectos menos compreendidos do comportamento comunicativo das pessoas com autismo. Ainda não está claro qual função (ou funções) ela desempenha.

Com base no tempo que decorre entre a escuta da palavra ou da frase e sua repetição, a ecolalia pode ser imediata, se quase não houver intervalo, ou diferida, se passar muito tempo entre as duas.

Um exemplo (muito frequente) de ecolalia diferida é a repetição de sequências inteiras de diálogos retiradas dos desenhos animados favoritos. Tal repetição não deve ser interpretada como uma capacidade imitativa, e sim como uma espécie de cisão entre a palavra ou a frase e o significado que ela convencionalmente contém. Portanto, não superestimem o nível de compreensão da linguagem verbal da criança se ela produzir frases complexas de maneira ecolálica!

Da mesma forma, é frequente a formulação contínua de perguntas ou a repetição de um mesmo pedido, mesmo depois de ter obtido resposta.

Na ecolalia:

- o tom e a cadência da voz podem parecer monótonos ou cantantes;
- o volume pode ser alto ou baixo demais; de todos os modos, não adequado à situação;
- o ritmo pode ser muito lento ou rápido demais.

A ecolalia pode responder a diferentes necessidades e ter várias funções:

- pedir um objeto ou atividade;
- comentar uma situação;
- fugir de uma tarefa, de uma situação desagradável ou de um pedido que a criança não compreendeu;
- autorregular o próprio estado emocional em situações particularmente estressantes, imprevisíveis ou ansiogênicas: ao lhe fornecer previsibilidade e segurança, isso permite que ela se tranquilize;
- participar de uma troca verbal e tentar assim manter a interação;
- protestar e tentar interromper as ações dos outros;
- chamar a atenção;
- obter um reforço sensorial gratificante (a criança pode achar o som da sua voz agradável ou relaxante).

Como já dissemos, algumas crianças com autismo se dedicam a atividades repetitivas justamente quando se sentem com dificuldades. Por isso, se ainda não lhe foram ensinadas outras modalidades para lidar com essas situações, é oportuno deixar que elas façam isso.

Como intervir

Intervir nesse tipo de comportamento sem saber que função específica ele tem para aquela criança naquela situação particular é muito arriscado.

Isso pode piorar a situação e, talvez, aumentar o mal-estar da criança. O que fazer, então, para gerir ou prevenir um comportamento que pode ser muito perturbador e disfuncional na sala de aula?

- Não se irritem se ela falar sozinha e tenham muita paciência.
- Conversem constantemente com as outras figuras que cuidam da criança (pais, fonoaudiólogos, educadores).
- Tentem envolver a criança na aula e captar sua atenção, para que ela não sinta a necessidade de se "refugiar" no comportamento ecolálico. Vocês também podem "explorar" o precioso apoio dos colegas!
- Utilizem os suportes visuais durante a aula para toda a turma: não esqueçam que muitas crianças com autismo são "pensadoras visuais" e geralmente têm boas habilidades de memória visuoespacial.
- Incentivem a criança a se comunicar também por meio das imagens, dos gestos e/ou da linguagem de sinais.
- Ajudem os colegas a compreenderem os motivos pelos quais a criança com autismo utiliza a ecolalia e estimulem-nos a utilizar uma linguagem clara e simples.
- Tentem simplificar a linguagem para adequá-la ao nível da criança.
- Preparem e utilizem histórias sociais para explicar quando se pode falar e quando é necessário ficar em silêncio durante a aula.
- Produzam recursos visuais que forneçam indicações específicas sobre algumas situações que ocorrem na sala de aula (p. ex.: "Durante a tarefa em sala de aula ou na prova, eu tenho que fazer silêncio").

Pacto educativo

Combinem constantemente os conteúdos da aula com o(a) professor(a) de apoio e as outras figuras educacionais, que possam ajudá-los, por exemplo, a produzir os diversos suportes visuais necessários.

Não esqueçam que as estratégias e os instrumentos didáticos que se revelam úteis na escola podem ser compartilhados com familiares ou outras figuras de referência da criança e generalizados em diversos outros contextos (casa dos avós, ginásio, grupo de escoteiros, piscina).

Estruturação

O(a) professor(a) pode fazer muito para criar um ambiente estruturado e previsível e, assim, evitar que a criança recorra à ecolalia para se isolar de uma situação caótica, desagradável e incontrolável para ela.

O(a) professor(a) também pode fazer muito para que o ambiente seja acolhedor para todos e todas, onde cada um possa, à sua maneira, expressar seus estados de espírito ou manifestar seu cansaço.

○ Tornem previsível a programação e os compromissos diários utilizando a agenda visual. Na agenda, especifiquem quais serão os momentos em que a criança terá que realizar atividades didáticas e quais serão os momentos de pausa.

- Organizem as atividades e subdivida as tarefas mais difíceis em pequenos passos.
- Criem um semáforo ou um termômetro da raiva/agitação para poder comunicar rapidamente o próprio estado de ânimo.
- Ensinem modalidades de autorregulação, atividades para descarregar a tensão e relaxar (p. ex.: "Faça cinco respirações profundas. Vamos contá-las juntos...") e para gerir os momentos de espera.
- Façam cartões visuais para a comunicação essencial ("ajude-me", "pare", "estou muito cansado") para ficarem à disposição para gerir os momentos de maior desconforto, frustração, raiva, medo ou pânico.
- Dediquem um cantinho da sala de aula para o relaxamento, com um tapetinho e alguns materiais de relaxamento (brinquedos favoritos, fones de ouvido com música etc.).

Os conselhos do especialista

Observem, observem e observem de novo, atentamente. Conversem com os familiares, os(as) outros(as) professores(as), os(as) educadores(as), e todas as outras figuras significativas, para entender para que "serve" a ecolalia naquela criança em particular.

Não considerem a ecolalia apenas um comportamento problemático a ser eliminado: ela pode ter uma função comunicativa que pode ser explorada positivamente no trabalho diário. É um indício, um caminho a ser seguido para saber algo mais sobre a criança que vocês têm à sua frente: o que ela quer lhes dizer, o que a incomoda, o que a deixa agitada etc.

➤ Assim, tentem investigar a fundo e seguir as pistas que a criança pode sugerir com isso. A criança, por exemplo, pode repetir o que acabamos de dizer para tentar estabelecer uma conversa. Ou pode recorrer à ecolalia como facilitação, "deixa" ou "gancho" para uma comunicação expressiva. Assim, por exemplo, na frente do balanço, podemos verbalizar "empurre" (para exortá-la a se balançar) e compreender que ela repete "empurre", para nos fazer entender que quer ser empurrada.

Observem atentamente em que momentos do dia ou em que situações específicas a produção ecolálica ocorre mais: é extremamente útil para entender quais obstáculos, inconvenientes ou incômodos podemos eliminar modificando o ambiente.

Sejam pacientes e curiosos, apreciem a diversidade comunicativa que vocês têm diante de seus olhos!

CHECKLIST PARA OBSERVAÇÃO
Comunicação

☑ *Formas da comunicação.* (Modalidades/sistemas) de comunicação que o(a) aluno(a) utiliza atualmente:

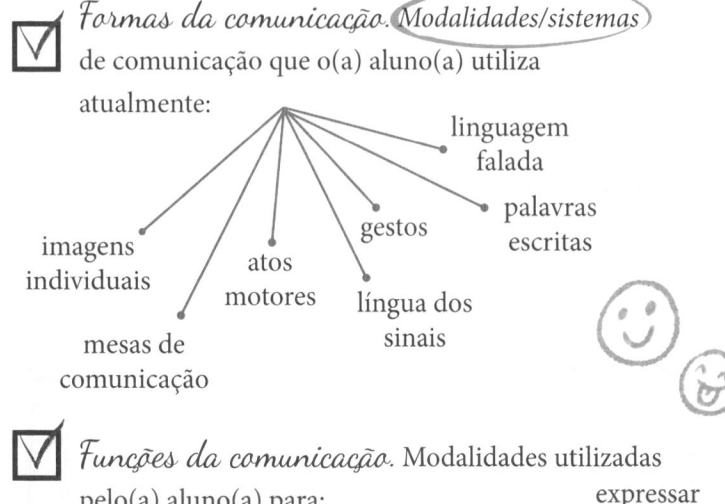

- linguagem falada
- palavras escritas
- gestos
- língua dos sinais
- atos motores
- imagens individuais
- mesas de comunicação

☑ *Funções da comunicação.* Modalidades utilizadas pelo(a) aluno(a) para:

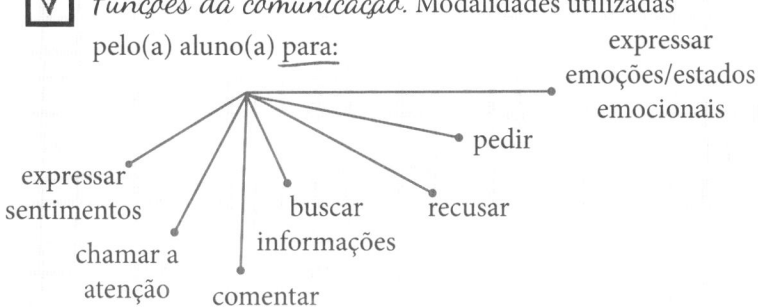

- expressar emoções/estados emocionais
- pedir
- recusar
- buscar informações
- comentar
- chamar a atenção
- expressar sentimentos

☑ *Categorias semânticas.* Significados que as palavras ou os elementos utilizados para a comunicação expressam quando são usados para expressar conceitos:

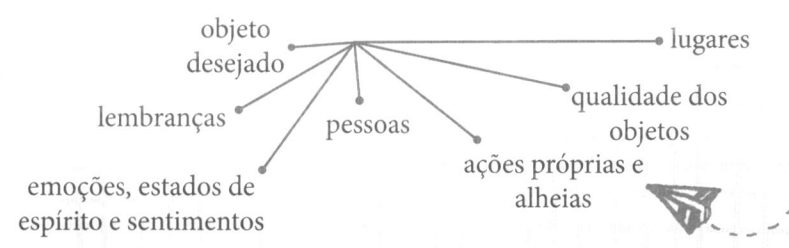

- objeto desejado
- lugares
- qualidade dos objetos
- ações próprias e alheias
- pessoas
- lembranças
- emoções, estados de espírito e sentimentos

☑ *Contextos.* (Situações) em que as pessoas se comunicam:

lugares (casa, escola, restaurante, parque, piscina, supermercado) — pessoas (pais, tios e tias, avôs e avós, professores e professoras, pessoas da sua idade, amigos e amigas) — eventos (aniversário, Natal etc.)

☑ *Compreensão da linguagem oral*

→ Capacidade de compreender *mensagens complexas* expressadas oralmente.

→ Compreender os significados das palavras com base nos *contextos*.

→ Compreender *metáforas, piadas, modos de dizer*.

→ Captar também os aspectos relacionados com a modulação da voz e a *comunicação não verbal*.

☑ *Produção verbal*

→ Capacidade abrangente de *expressão verbal*.

→ Amplitude do *vocabulário* ativo e passivo.

→ Articulação da *frase* (complexidade e correção na construção lógica e gramatical).

→ Aspectos relacionados com a modulação da voz e a *comunicação não verbal*.

→ *Propriedade* da linguagem.

→ *Habilidade de conversação* com outra pessoa, que requer reciprocidade, alternância e capacidade de levar em conta o ponto de vista do outro.

Anotações

Comportamentos, interesses, atividades

10 NÃO BRINCA
de "faz de conta"

O QUE FAZER

✓ Observem e avaliem as habilidades de brincar da criança e se há a presença de interesses sensoriais particulares.

✓ Ponham à disposição dela uma variedade de materiais para brincar de faz de conta e de forma simbólica.

✓ Sejam os "diretores da representação teatral": preparem a cena da brincadeira, forneçam os materiais, atribuam os papéis, deem exemplos, ofereçam ajuda e indicações visuais.

O QUE NÃO FAZER

✗ NÃO mortifiquem as tentativas de brincar espontâneas da criança, dizendo, por exemplo: "Não se faz assim".

✗ NÃO a obriguem a brincar com materiais que lhe provoquem desconforto, ansiedade ou medo.

O que ter em mente

O brincar desempenha um papel enorme no desenvolvimento da criança. No brincar da criança com autismo, detecta-se um comprometimento neurobiológico geral dessa habilidade, que pode consistir em:

- ausência do brincar simbólico e de faz de conta espontâneos;
- ausência ou notável comprometimento da fantasia e da imaginação;
- ausência de brincadeiras de imitação social (imitar o papai cozinhando ou limpando os móveis, ou a professora explicando) adequadas ao nível de desenvolvimento;
- modalidades de comportamento e interesses repetitivos e estereotipados: por exemplo, o envolvimento "totalizante" em atividades restritas, o interesse persistente e às vezes excessivo em detalhes ou em partes de objetos, ou uma dependência rígida de rituais ou hábitos específicos.

A criança com desenvolvimento típico geralmente amplia os esquemas do brincar funcional e pré-simbólico aprendidos na primeira infância. No brincar funcional, a criança realiza movimentos simples e repetitivos com ou sem os objetos. Por exemplo, joga a bola para cima e para baixo, faz o carrinho ir para a frente e para trás (mas sem fazer nenhum som), alinha os animais, empilha as xicarazinhas. Cada estímulo é utilizado em sua função concreta e "original". Na transição para o brincar simbólico, são acrescentados novos elementos que "enriquecem" essas brincadeiras (fazer o trem viajar ao longo dos trilhos reproduzindo o respectivo som ou simular um almoço entre as bonecas), fingindo que os objetos "ganham vida".

Quanto ao brincar simbólico, a criança com desenvolvimento típico usa objetos que:

- adquirem uma função diferente da usual (as cadeiras viram um trem, um livrinho vira um telefone para fazer de conta que está telefonando para a vovó);
- assumem papéis (o ursinho é o papai, e o pato é a filha);
- tornam-se "outra coisa" (o desenho vira uma casa);
- são investidos de pensamentos e emoções ("Agora o ursinho está com sono e quer dormir" "O leão está com raiva porque...").

Na criança com autismo, isso raramente ocorre. Ao contrário da criança com desenvolvimento típico, ela geralmente continua utilizando os materiais de forma pouco flexível e autoestimulante, como ao girar as rodas do carrinho continuamente porque o barulho ou a visão das rodas girando lhe dá prazer. Mesmo quando o brincar de faz de conta aparece, ele é rígido, desprovido de um valor imaginativo real: a criança, por exemplo, pode aprender a reproduzir sequências de desenhos animados ou cenas realmente vividas, mas dificilmente acrescenta novos elementos a elas.

No âmbito do brincar, as crianças com autismo também podem ter dificuldades:

- de empreender novas atividades espontaneamente;
- de aprender por imitação dos outros;
- de fazer variações sobre temas lúdicos;
- de organizar a ordem da atividade;
- de reconhecer o início e o fim de uma atividade.

Além disso, é preciso ter em mente que muitas brincadeiras também pressupõem a coordenação com os outros ou uma proximidade física: as dificuldades na interação e no contato físico típicas do autismo acrescentam mais obstáculos ao desenvolvimento de um brincar rico e original.

Como intervir

- Ofereçam explicações sobre os pensamentos, as motivações, as intenções ou as emoções que estão por trás dos comportamentos dos personagens das histórias, contando também com a ajuda dos colegas de turma.
- Leiam, contem e inventem histórias fantásticas com seus alunos e alunas, e incentivem a criança a se "pôr no lugar" de um personagem dos contos.
- Ajudem os colegas a compreenderem por que a criança não consegue "fazer de conta" ou interpretar papéis por meio da imaginação.
- Identifiquem os colegas com quem a criança interage mais facilmente e peçam-lhes, por sua vez, que tentem brincar de forma simbólica com o colega.
- Disponibilizem na sala de aula materiais variados para o brincar simbólico ou de faz de conta.
- Aproveitem todas as possíveis oportunidades que surjam na sala de aula para estimular a criança a imaginar e a desenvolver a fantasia. Incentivem-na a acrescentar elementos sempre novos às histórias ou às experiências contadas, proponham brincadeiras com palavras e imagens, utilizem diferentes materiais para projetar, construir, manipular, desenhar e colorir.
- Gratifiquem sempre a criança pelo empenho dedicado ao brincar de faz de conta ou de forma simbólica.

- Ofereçam modelos de comportamento por meio do exemplo de vocês: ponham-se a brincar vocês mesmos!

Pacto educativo

As conversas com pais, familiares, educadores e outras figuras importantes para a criança podem nos dar indicações preciosas para utilizar no ambiente escolar. Além de compreendermos como nos comportar com ela e como preparar um ambiente o mais agradável possível, por meio dessa conversa poderemos descobrir:

- o que mais agrada ou interessa à criança;
- se há materiais dos quais ela não gosta;
- como ela se comporta diante de atividades ou materiais novos;
- se ela mostra interesse pelas atividades que ocorrem ao seu redor em diversos ambientes;
- se ela gosta ou evita o contato físico quando é pega no colo ou quando lhe fazemos cócegas;
- se ela consegue "fazer de conta", personificando um papel (ser a mamãe do ursinho);
- se ela manifesta reações excessivas (grita ou tapa os ouvidos) depois de estímulos sonoros de baixa intensidade (hiper--reatividade) e se busca estímulos sensoriais em particular.

Estruturação

Também, nesse caso, deve-se prestar muita atenção na organização do material lúdico, a fim de estimular a criança em seu uso. Os materiais que a criança pode utilizar de forma autônoma devem estar ao alcance das mãos, enquanto aqueles a serem utilizados com o adulto devem estar visíveis, mas não acessíveis sem a ajuda dele. Por fim, os brinquedos devem ser organizados em caixas ou recipientes (as roupas para os figurinos em uma caixa com um "sinalizador" compreensível para a criança com base em seu nível de abstração) e, portanto, dependendo do caso, "etiquetados" com uma foto/pictograma/objeto real fora da caixa.

Uma boa estruturação dos espaços, dos tempos e das atividades do brincar responde a estas perguntas:

- O que eu posso fazer?
- Como?
- Onde posso brincar?
- Com o quê?
- Por quanto tempo?
- O que vai acontecer depois?

Vocês podem preparar imagens para serem inseridas na agenda visual diária, que representem as atividades do brincar disponíveis, entre as quais ela pode escolher.

Um ambiente facilitador para o brincar pode prever:

- um espaço dedicado ao brincar livre/relaxamento, circunscrito, confortável e agradável, que também pode ser um "refúgio" no momento em que a atividade for exigente ou estressante demais;
- um espaço para o brincar "independente" (tapete, mesa, sofá etc.);

- um espaço para o brincar social (mesa com cadeiras, tapete etc.);
- (possivelmente) um espaço para brincar ao ar livre (escorregador, balanço, cama elástica, equipamentos esportivos, percursos motores etc.).

Os conselhos do especialista

- Inicialmente apresentem os materiais de forma indireta, isto é, sem solicitar que a criança brinque com eles: sentem-se ao lado dela e comecem a usá-los. Só depois proponham de forma direta ("Olha, tem bonecas!") ou solicitem ações ("Vista a capa do Batman").
- Disponibilizem aos seus alunos uma caixa para a dramatização (com roupas, chapéus, luvas, tecidos, coroas, telefones etc.) e um espelho para que possam se ver depois de se vestirem. Brincar de teatro pode ser realmente muito útil para treinar as crianças a utilizarem a voz, as posições corporais, as expressões faciais, os gestos comunicativos e para encorajá-las a se "porem no lugar" dos diversos personagens, simulando ações, emoções, sentimentos e comportamentos diferentes.
- Mostrem à criança vídeos ou imagens de outras crianças brincando de faz de conta (ou usando a imaginação) para oferecer modelos e exemplos sobre como alguns materiais podem ser utilizados.

11 NÃO BRINCA

por ter interesses particulares, restritos e absorventes

O QUE FAZER

√ Tentem descobrir todos os interesses e as atividades que a motivam, apaixonam e divertem.

√ Comecem a partir dessas atividades e tentem ampliar sua gama de interesses, propondo tanto assuntos afins (ou que tenham alguma pertinência) quanto assuntos diferentes e novos.

√ Usem esses interesses como "ganchos" para envolvê-la nos interesses escolares ou de grupo.

O QUE NÃO FAZER

✘ NÃO gritem com ela.

✘ NÃO chamem a atenção para sua "paixão" quando ela estiver se dedicando a outra coisa.

✘ NÃO desistam de tentar ampliar os interesses dela, principalmente aqueles que são mais compartilháveis com os colegas.

O que ter em mente

A restrição do repertório de comportamentos, atividades e interesses está entre as características mais evidentes dos transtornos do espectro do autismo. Os interesses podem variar consideravelmente de criança para criança e podem dizer respeito a uma variedade infinita de assuntos: horários dos meios de transporte, números de telefone, senhas de rede wi-fi, placas de veículos, frequências de estações de rádio, sinais de trânsito, fenômenos atmosféricos, animais etc.

Os interesses especiais, estereotipados, anômalos em intensidade ou foco podem se desenvolver já nos primeiros anos de vida da criança e são um problema quando se tornam uma dedicação absorvente, que a impede de fruir de outros estímulos importantes.

Ao lidar com o autismo, discute-se muito sobre a possibilidade ou não de limitar aquelas que muitas vezes são chamadas de "manias" ou "fixações", ou de substituir algumas delas por outras menos excêntricas, mais aceitáveis ou menos perigosas. Porém, todos nós já recorremos, talvez em momentos particularmente difíceis, a um *hobby* (que nos distrai ou nos faz nos sentirmos bem) para melhorar nosso estado emocional ou controlar o estresse.

As atividades repetitivas permitem "desligar-se" por um tempo e conseguem mitigar a imprevisibilidade e o caos que, na percepção das pessoas com autismo, muitas vezes caracterizam o ambiente e as relações. E se, em vez de tentar "limitá-las", tentássemos valorizá-las?

Como intervir

Embora limitados e seletivos, esses interesses particulares desempenham várias funções na vida das pessoas neurodiversas (mas poderíamos dizer o mesmo para as pessoas neurotípicas). Podemos usá-las ou recorrer a elas se a criança precisa de conforto, ou como reforço ou prêmio para motivar o empenho em uma atividade.

Quando possível, é útil valorizar esses interesses para fazer com que se tornem instrumentos educativos e de inclusão: para favorecer a comunicação com os outros ou como meio para estimular as aprendizagens. Não é fácil, porém, porque, nas crianças com autismo, esses interesses frequentemente são muito específicos e incomuns, e, portanto, dificilmente compartilháveis pela maioria das pessoas.

O desafio, então, é torná-los funcionais para a relação. O primeiro passo é a troca de informações: façam perguntas diretas à criança (ou à família) sobre o que a apaixona mais e, gradualmente, envolvam também os colegas, aumentando as oportunidades de socialização. Promovam e organizem atividades (sugeridas também pelos próprios estudantes), encontros e grupos de discussão para incentivar o debate sobre os interesses menos comuns. Se possível, procurem outros estudantes interessados em assuntos semelhantes para permitir que a criança mostre seus conhecimentos sobre o assunto e seja um tutor/especialista.

Desse modo, trabalhamos não apenas para a aquisição e o desenvolvimento de novas capacidades comunicativas, mas também para favorecer um ambiente inclusivo em sala de aula.

A partilha das competências oferecerá aos(às) alunos(as) mais oportunidade de interação, especialmente se for inserida em uma atividade lúdico-didática (quiz temático, criação de uma história, de cartazes didáticos etc.). Por exemplo, se Francisco tem uma paixão pelos animais, seria possível propor a criação de cartazes que representam diferentes *habitats*. Cada grupo de trabalho deve inserir os animais corretos no seu cartaz/*habitat* e, para isso, deve se dirigir ao especialista (Francisco), para uma consulta ou para uma verificação.

Além disso, podemos começar pelas atividades preferidas e pelas paixões para alcançar objetivos educativos. Por exemplo, se o objetivo do nosso Plano Educacional Individualizado (PEI) é melhorar a leitura e a escrita da criança, um maior sucesso poderia ser alcançado simplesmente propondo histórias, tarefas e exercícios que digam respeito à paixão ou aos interesses dela.

Pacto educativo

Também em casa e no período extraescolar podemos intervir com a mesma abordagem.

Podemos trabalhar em sinergia com a família e os outros operadores para identificar um grupo, uma associação ou um clube que a criança possa frequentar durante as férias de verão ou no tempo livre e no qual tenha a oportunidade de partilhar sua paixão, promovendo assim a socialização.

Estruturação

- Estruturem a sala de aula ou os espaços pessoais dos estudantes de modo que reflitam suas paixões. Façam junto com eles cartazes com as fotos dos(as) alunos(as), nos quais cada um possa colar símbolos que digam respeito aos seus interesses e pontos fortes.

- Organizem um dia temático, em que as crianças, uma de cada vez, possam mostrar seus interesses por meio de uma apresentação multimídia ou com vídeos pesquisados na internet.

- Façam um quadro de anúncios para o intercâmbio de tempo: cada estudante pedirá apoio em um âmbito (p. ex.: "procuro colegas para jogar videogame, para pesquisar sobre fotossíntese, para aprender a andar de *skate*" etc.) e oferecerá ajuda com suas próprias competências (p. ex.: "eu me ofereço para ensinar você a costurar, a conhecer os mapas do céu, a observar os astros com o meu telescópio" etc.).

○ Façam cartões, do tamanho de um cartão de visita, que tenham como tema sua paixão favorita (assunto, desenho animado, *youtuber*) para escrever neles sugestões sobre como se comportar em diferentes contextos ou regras matemáticas e gramaticais a serem lembradas.

Os conselhos do especialista

Essas assim chamadas "manias" não são muito diferentes daquelas que a sociedade muitas vezes nos ensina a apreciar (a paixão por maquiagem ou por times de futebol), mas, desde que sejam compartilhadas pela maioria dos indivíduos, não parecem ser obsessões. Avaliem atentamente, junto com os outros cuidadores, se realmente é preciso intervir para reduzi-las ou eliminá-las.

Voltem o olhar para o futuro: valorizar os interesses específicos pode melhorar muito as perspectivas humanas e profissionais da pessoa com autismo. Podem se tornar pontos fortes inesperados, mas é preciso saber olhá-los com criatividade! Como nos ensina Temple Grandin, em sua experiência foi fundamental o incentivo do seu professor de Ciências em relação à sua paixão singular pelas cercas para gado. Hoje, ela é uma talentosa designer de sistemas de criação de animais, especialista na contenção e no abate de gado. Sua indiscutível liderança no setor permitiu que ela viajasse pelo mundo, conhecesse muitas pessoas e desse uma importante contribuição científica e técnica para a etologia e o bem-estar dos animais de produção.

12 SEGUE

rituais rígidos e repetitivos

Porque esses comportamentos fazem parte do funcionamento neurodiverso.

Porque ajudam a criança a gerir a ansiedade.

Porque ela não consegue resistir.

O QUE FAZER

✓ Sejam muito pacientes e recolham todas as informações e as sugestões dos clínicos que avaliaram esses aspectos.

✓ Tentem entender qual a função para a criança, nos diferentes contextos, de um determinado gesto ou ritual.

O QUE NÃO FAZER

✗ NÃO pensem que existem receitas milagrosas ou soluções imediatas para eliminar esses comportamentos.

✗ NÃO impeçam um ritual sem antes terem compreendido a sua função.

✗ NÃO repreendam a criança.

✗ NÃO percam a paciência e deem-lhe tempo.

✗ NÃO aceitem fazer um ritual no lugar dela.

O que ter em mente

Ainda não sabemos exatamente por que tantas crianças com autismo precisam aderir a rotinas ou rituais rígidos, mas a hipótese é de que isso se deve ao funcionamento cerebral diferente, que envolve:

- fraqueza na coerência central e, portanto, incapacidade de captar o estímulo em sua globalidade, com a tendência de se concentrar nos detalhes em vez de ver o geral;
- dificuldade nas funções executivas, ou seja, na organização e planejamento dos comportamentos para a resolução de problemas, na formulação de um plano mental de ação e na inibição das respostas impulsivas.

Para uma criança com autismo, portanto, cada detalhe é importante e insubstituível, assim como a sequência e a ordem em que as coisas se desenrolam. Se essa imutabilidade não for garantida, o risco é de que tudo caia no caos.

Boa parte das crianças com autismo manifesta uma necessidade de imutabilidade que as leva, por exemplo, a organizar os objetos da sala de aula sempre na mesma ordem, a alinhar os brinquedos sempre da mesma forma ou a imitar incessantemente os gestos de um personagem dos desenhos animados. Como já enfatizamos, algumas modalidades de comportamento repetitivas ou estereotipadas dão sensações agradáveis à criança, ajudam-na a gerir as próprias emoções, a reduzir a ansiedade e a controlar o estresse.

Como intervir

- Tentem descobrir as funções desses comportamentos analisando os antecedentes e as consequências, ou seja, o que acontece antes e pode desencadear o comportamento e o que acontece depois e pode reforçá-lo. Nessa análise funcional (assim chamada porque busca a função de um comportamento, o porquê de ele ser realizado), os colegas, familiares e operadores que acompanham a criança podem servir de ajuda.

○ Ensinem à criança modalidades de gestão da ansiedade e do estresse (respiração, relaxamento, *mindfulness*).

○ Lembrem aos colegas para não interromperem bruscamente alguns gestos ou rituais repetitivos, explicando o porquê.

Pacto educativo

Na observação, os pais e a rede que acompanha a criança são uma ajuda imprescindível: perguntem-lhes se a criança faz esses gestos ou rituais repetitivos também em outros ambientes. Tentem compreender se existem contextos ou situações em que os rituais ocorrem mais. Tentem investigar junto com eles quais são os efeitos da interrupção de uma rotina.

Combinem as modalidades de intervenção comuns, pedindo, se necessário, a ajuda específica do neuropsiquiatra, do psicólogo ou do pedagogo.

Estruturação

○ Criem suportes visuais claros para a criança que explicitem as principais regras a serem respeitadas em sala de aula, a fim de tornar compreensíveis os comportamentos positivos que podem ser implementados, quais podem ser tolerados e quais não.

- Criem uma atmosfera descontraída e relaxada, tentando eliminar ou reduzir eventuais estímulos sensoriais perturbadores, pelo menos nas situações que, a partir da observação de vocês, se mostraram mais arriscadas, talvez mais desestruturadas, caóticas ou apenas mais livres e "fluidas".

- Criem um espaço de relaxamento onde a criança possa se refugiar e praticar as técnicas para relaxar que vocês lhe ensinaram.

- Trabalhem com toda a turma para educar as crianças ao conhecimento, ao respeito e à compreensão das diversidades, por exemplo se a criança se comporta de forma bizarra, irritante ou constrangedora.

Os conselhos do especialista

Cada criança autista é diferente das outras: dois comportamentos que podem parecer semelhantes vistos de fora podem ter significados e propósitos muito diferentes. Aprendamos a observá-la e a conhecê-la o máximo possível individualmente, sem cair em preconceitos ou em simplificações fáceis.

Alguns pesquisadores sugerem que rituais e comportamentos repetitivos são autoestimulantes; outros, que são uma forma de excluir o mundo exterior; outros ainda, que não têm uma função propriamente dita, mas são simplesmente o resultado de um sistema nervoso desorganizado etc.

No entanto, diversas pessoas com autismo testemunharam, em primeira mão, que esses comportamentos podem ter funções que variam de sujeito a sujeito, por exemplo para ajudá-las a manter a concentração em uma tarefa ou a manter a ansiedade sob controle.

Eles podem se transformar em verdadeiros comportamentos problemáticos quando geram estigma social, reduzem as possibilidades reais de inclusão da pessoa ou provocam danos de verdade (autolesão): nesses casos, é necessário combinar uma intervenção específica urgente e compartilhada pelas diversas figuras de referência. Se, em vez disso, se trata de rituais – como tocar todos os cantos da sala assim que a criança entra nela ou alinhar os lápis por tonalidades de cor – que não provocam danos, obstáculos à aprendizagem ou estigma social, devemos nos perguntar se eles representam um problema apenas para nós, pessoas com desenvolvimento típico, e se não deveríamos simplesmente aprender a respeitá-los.

Tanto em casa quanto na escola, muitas vezes assistimos tentativas de pais, familiares, professores, educadores de interromper esses comportamentos repetitivos e estereotipados gritando com a criança, distraindo-a, ameaçando-a ou até punindo-a.

Aceitar as estereotipias que não sejam comportamentos realmente problemáticos como parte do funcionamento de uma criança é o primeiro passo fundamental: a criança se sentirá aceita como ela é, e não pelo modo como eventualmente gostaríamos que ela fosse.

Às vezes, imitar a criança e transformar as estereotipias em uma brincadeira agradável pode contribuir para que ela se sinta mais aceita e compreendida.

TEM DIFICULDADE

de lidar com as mudanças

O QUE FAZER

√ Ensinem o significado de "imprevisto".

√ Antecipem os possíveis contratempos e prevejam com ela o que pode ser feito como alternativa quando eles ocorrerem.

√ Premiem ou elogiem a criança sempre que ela conseguir tolerar a menor mudança repentina.

O QUE NÃO FAZER

✗ NÃO modifiquem repentinamente as rotinas apenas para verificar se a criança pode suportar as mudanças.

✗ NÃO subestimem o estresse que os imprevistos podem provocar na criança: não se trata de um capricho!

✗ NÃO punam a criança se ela reagir com crises comportamentais.

Algumas crianças podem se irritar ou até ter crises de comportamento intensas se houver uma mudança inesperada nas rotinas em sala de aula ou mesmo uma simples novidade em relação ao cotidiano.

Já falamos sobre a fraqueza na coerência central: a criança se concentra de forma exagerada em fragmentos da experiência. Falta a perspectiva "de cima", que leva a perceber que, mesmo com um pequeno desvio, é possível chegar à mesma meta. Somam-se a isso a falta de imaginação, importante na resolução de problemas, e o esforço para inibir a "perseveração" e, portanto, para deslocar a atenção flexivelmente de um estímulo a outro. Quando o "programa" começa, é difícil para a criança dar marcha à ré ou mudar de rota.

Algumas crianças estruturam hábitos rígidos e imutáveis nas diversas atividades cotidianas, como comer (comer sempre os mesmos alimentos, na mesma sala ou no mesmo lugar à mesa), vestir-se (podem querer usar sempre as mesmas roupas para ir à escola ou ter grande dificuldade em trocar de modelo de calçado), caminhar pela rua (seguindo sempre o mesmo trajeto para chegar a um determinado lugar) etc.

O resultado é que podem mostrar resistência ou mal-estar em relação a variações até mesmo banais, manifestando, por exemplo, uma reação excessiva a uma pequena mudança no ambiente (um deslocamento dos móveis ou o uso de um novo conjunto de talheres).

Nesses casos, pode ocorrer:

- um *meltdown*, ou seja, uma resposta fisiológica que determina crises comportamentais de tipo cognitivo-emocional-

-sensorial caracterizadas por gritos, choro e movimentos nem sempre completamente voluntários;

◦ um *shutdown*, ou seja, uma resposta física à sobrecarga que envolve uma espécie de "desligamento" do cérebro (*freezing*): a pessoa se bloqueia, em um isolamento extremo do contexto, e isso permite que o sistema nervoso "se esvazie", para processar a sobrecarga e se recuperar.

É importante ressaltar que essas crises devem ser compreendidas (para identificar suas causas e preveni-las no futuro) e não punidas!

Como intervir

◦ Ajudem a criança a comunicar seus estados emocionais quando um imprevisto ocorrer.

◦ Dosem apropriadamente pequenas novidades para que não sejam desorientadoras demais; introduzam pequenas mudanças gradualmente.

◦ Reforcem a criança sempre que ela conseguir enfrentar uma mudança ou um evento repentino.

◦ Ajudem seus colegas a compreenderem que as eventuais mudanças podem provocar um desconforto e um mal-estar reais na criança: não são caprichos de uma criança mimada! Acompanhem-nos para que compreendam que é possível ajudá-la a enfrentar os contratempos e as novidades.

◦ Tentem propor jogos que possam prever pequenas mudanças de programa, oferecendo alternativas possíveis preventivamente antecipadas e "treinadas". Um exemplo: depois de formar pequenos grupos de trabalho (duas a três crianças) que brincam juntas com diferentes materiais (jogo do ganso, cartas, construções) e de explicar o procedimento à criança com autismo, ao som do cronômetro, prevejam uma troca de alunos e alunas dentro dos grupos. Ou ainda: no ginásio, durante a atividade física, modifiquem o percurso que habitualmente é realizado, acrescentando novas passagens, cones ou outros objetos/materiais nunca antes utilizados.

Pacto educativo

Provavelmente ainda mais do que na escola, os imprevistos em casa são inevitáveis e fazem parte do cotidiano de cada um.

Como são geridas as "surpresas" e os contratempos em casa? É possível encontrar estratégias comuns para favorecer o aumento das habilidades de adaptação e flexibilidade?

Estruturação

- Utilizem suportes visuais para explicar o conceito de imprevisto: a linguagem verbal pode ser complexa em momentos que provocam um elevado grau de estresse.
- Dentro da agenda visual diária e/ou semanal, insiram uma imagem que represente a mudança de programa (um símbolo com um ponto de interrogação, p. ex.) e as atividades substitutivas que podem ser realizadas. Podem ser preparados cartões que retratem situações como a impossibilidade de sair para o pátio por causa da chuva, a ausência de um professor doente etc., os programas alternativos (como jogar cartas em sala de aula, pintar, ir à sala de informática etc.) ou cartões-surpresa com propostas de atividades inesperadas.
- Pode ser muito útil fazer uma "cesta" de possíveis imprevistos diários para brincar com um colega de encontrar soluções alternativas, treinando a resolução de problemas e a antecipação.

- Outra ideia pode ser fazer um caderno de histórias sociais sobre os imprevistos (ou sobre as situações que tendem a provocar ansiedade ou estresse), no qual se possa indicar claramente os comportamentos a serem seguidos e o que pode ser feito.

Os conselhos do especialista

Em alguns casos, as mudanças repentinas ou inesperadas podem até provocar verdadeiras crises comportamentais, que podem se manifestar de formas diferentes de criança para criança (choro, grito, destruição de objetos, risadas fora do contexto). A incerteza sobre "o que eu posso fazer" quando ocorre um imprevisto, combinada com a dificuldade de organizar rapidamente um plano alternativo para enfrentar as mudanças, pode tornar muito difíceis e às vezes arriscadas algumas atividades da vida cotidiana, que, em geral, são feitas sem obstáculos (entrar na escola, fazer o lanche, fazer as tarefas, pegar um ônibus).

É importante tentar trabalhar cotidianamente os imprevistos, dia após dia, tentando aproveitar qualquer oportunidade para ensinar estratégias personalizadas para enfrentá-los. Comecem com pequenos imprevistos cotidianos (não poder usar a impressora porque acabou a tinta ou esquecer o caderno em casa), também por meio de vídeos ou histórias sociais.

Para algumas crianças é possível ensinar estratégias metacognitivas para melhorar o planejamento, a organização e a resolução de problemas, como o procedimento chamado QETC[8], em que "Q" corresponde a "Que devo fazer?", "E" corresponde a "Escolho uma estratégia", "T" corresponde a "Tento uma estratégia" e "C" corresponde a "Controlo a estratégia".

---

8 No italiano original, *CSPC*, sigla referente a: *"Cosa devo fare?" "Scelgo una strategia" "Provo una strategia" e "Controllo la strategia"* [N.T.].

14 FAZ

movimentos estereotipados

Porque a criança tem capacidades perceptivas e sensoriais diferentes das crianças neurotípicas.

Para se autorregular emocionalmente e para se comunicar.

Porque ela está particularmente empolgada, feliz, estressada ou sobrecarregada.

O QUE FAZER

✓ Considerem esses movimentos como parte do funcionamento global da criança, e não como comportamentos problemáticos a serem eliminados.

✓ Observem o que ocorre imediatamente antes (antecedentes) e logo depois (consequências) da emissão desses movimentos, para entender se eles têm uma função específica.

✓ Tentem descobrir se eles aumentam na presença de estímulos sensoriais aos quais a criança é hipersensível.

O QUE NÃO FAZER

✗ NÃO a repreendam pelo fato de ela se mover de modo bizarro ou repetitivo.

✗ NÃO a contenham fisicamente.

O que ter em mente

Os movimentos corporais estereotipados podem envolver as mãos (bater palmas ou sacudir as mãos, estalar os dedos) ou o corpo inteiro (balançar-se, jogar-se no chão, oscilar, girar ao redor de si mesmo, pular), mas também podem estar presentes anomalias da postura (caminhar na ponta dos pés, parar por alguns segundos em uma pose bizarra).

A presença de estereotipias motoras, como sacudir as mãos (*flapping*), balançar-se, o movimento dos dedos das mãos na frente dos olhos etc., caracteriza muitas pessoas com autismo (mas nem todas), assim como o interesse por detalhes aparentemente insignificantes (a poeira no ar, a mosca na janela) ou por partes de objetos (um arranhão em uma superfície lisa, as rodas do carrinho). Elas podem se tornar um obstáculo para a interação social e para a inclusão, pois são pouco adequadas ao contexto e uma possível fonte de estigma social.

Alguns desses movimentos estereotipados podem ter a função de descarregar a excitação, ou seja, modificar o nível de ativação, ou de fornecer estímulos sensoriais gratificantes à criança.

Como intervir

- Sensibilizem os colegas de turma e ajudem-nos a compreender os motivos pelos quais a criança com autismo faz movimentos "estranhos" ou "bizarros".

- Ensinem as crianças a conhecerem, respeitarem e valorizarem todas as diferenças.

- Façam observações sistemáticas (possivelmente com a ajuda do professor e do educador especializados ou de outros especialistas) para fazer uma boa análise funcional.

- Ensinem à criança modalidades para expressar o desconforto ou a sobrecarga sensorial.

- Ensinem à criança técnicas de relaxamento e de gestão emocional ou maneiras para obter o mesmo *feedback* sensorial.

- Tentem chamar a atenção dela e envolvê-la em atividades alternativas. Por exemplo, se ela sacode as mãos, proponham atividades interessantes e gratificantes nas quais ela deve utilizar as mãos.

Pacto educativo

Também nesse caso, formar uma frente comum é o caminho certo. Pais e operadores podem sugerir ótimas observações e ideias, compartilhando o que funcionou e o que não funcionou para eles. Às vezes, é possível reduzir alguns movimentos estereotipados (no caso de serem considerados problemáticos por diversos motivos), dando à criança a possibilidade de acessar atividades alternativas que forneçam o mesmo tipo de *feedback* sensorial. Isso significa lhe oferecer experiências sensoriais igualmente gratificantes, se ela aceitar não pôr em prática alguns comportamentos: por exemplo, em vez de se balançar agachada no chão, ela pode se balançar no balanço do jardim; em vez de caminhar na ponta dos pés, ela pode usar a cama elástica etc. Essas medidas deverão ser avaliadas atentamente pela equipe multidisciplinar responsável por ela.

Estruturação

O contexto também favorece a regulação da excitação.

Várias vezes descrevemos as medidas para tornar o contexto da sala de aula acolhedor e adaptado para uma criança com autismo. A finalidade é oferecer uma estrutura previsível, compreensível e clara, em que as atividades se sucedam de forma calibrada e reconhecível.

Em um ambiente "à medida do autismo", as regras e a organização são propostas claramente, também com o suporte de materiais visuais, e a criança sabe que tem possibilidades para comunicar o seu mal-estar ou sair de uma situação de sobrecarga (cartões visuais para a comunicação essencial: "Ajude-me, preciso me levantar/mexer") e para poder fazer uma pausa (zona de relaxamento, espaços para sua atividade preferida etc.).

Os conselhos do especialista

A literatura científica recente tem destacado que, nas pessoas com autismo, a resposta a alguns estímulos sensoriais é alterada, provavelmente em relação a anomalias nas modalidades de elaboração sensorial, em nível neurobiológico. Frequentemente, essas anomalias se manifestam como uma busca insolitamente intensa por sensações ou uma resposta exagerada ou leve demais aos estímulos provenientes do ambiente.

Para organizar atividades e propostas adequadas às características particulares da criança, devemos conhecer seu perfil sensorial.

Nem sempre (muito pelo contrário...) é possível realizar exames objetivos das anomalias sensoriais, por isso devemos coletar e sistematizar as informações com uma observação aprofundada e conversas com as figuras de referência para detectar, em particular:

○ se e de que modo a criança busca certas estimulações sensoriais;

○ quais reações comportamentais ela manifesta a determinadas estimulações.

Para a observação, propomo-lhes uma tabela muito simples (que compilamos em parte, como ex.) na qual são destacadas as tipologias de estímulos e as reações da criança[9].

Com essa tabela, vocês irão um pouco mais a fundo do que a peculiar percepção sensorial da criança que está à sua frente. Isso lhes permitirá identificar fontes de distração, estímulos desagradáveis que lhe geram mal-estar (ou até causam reações de pânico) e os agradáveis que ela busca ativamente. Isso lhes permitirá explorar concretamente quando surgirem problemáticas de hiper ou hipossensibilidade sensorial ou de seletividade alimentar.

Com base nessa observação, pode-se avaliar junto com a família e os outros operadores se é possível modificar algumas condições do ambiente ou eliminar alguns estímulos visuais, auditivos ou táteis específicos (luz neon, tipo de toque do telefone, etiqueta da camiseta, tecidos em contato com a pele, ruído de fundo na sala), também por meio da utilização de produtos ou tecnologias específicas (fones de ouvido, óculos com lentes fotossensíveis, roupas, equipamentos, suplementos alimentares ou medicamentos). Também será possível tentar ensinar comportamentos alternativos aos estereotipados ou problemáticos para obter as mesmas (ou semelhantes) gratificações sensoriais: por exemplo, dar um passeio no jardim da escola ou nos arredores da casa em vez de caminhar para a frente e para trás na

---

9 Cf. p. 143. O modelo em branco pode ser baixado nos recursos on-line.

sala de aula quando se tem a necessidade de liberar a tensão e o estresse; utilizar uma rede ou uma cadeira de balanço em vez de se balançar em um canto da sala; olhar a projeção de luzes coloridas ou do planetário, observar detalhes de quadros e desenhos por meio de uma lupa ou partes de objetos no microscópio em vez de buscar insistentemente o mesmo estímulo visual fazendo girar as rodas do carrinho (ou filtrando a luz solar entre os dedos da mão); comer alimentos particularmente duros ou crocantes, como rapadura ou alguns tipos de pão, em vez de ingerir objetos duros não comestíveis feitos de plástico ou de outros materiais perigosos. Enfim, será possível avaliar a possibilidade de trabalhar para ensinar a criança a tolerar progressivamente alguns estímulos que nem sempre podem ser abafados ou eliminados (som da campainha, ronco do motor de uma motocicleta que passa pela rua, ruído de fundo na sala, luz solar, contato da pele com a água) por meio de um processo de exposição progressiva e gradual, e várias medidas específicas de acordo com o caso.

Os aspectos perceptivos, sem dúvida, podem afetar também a nocicepção (percepção da dor), porque, nas pessoas com autismo, pode se manifestar uma escassa ou excessiva responsividade aos estímulos dolorosos. Em alguns casos, portanto, vocês poderão observar uma tolerância maior (ou menor) à dor: algumas crianças caem, arranham os joelhos ou provocam feridas mais graves em outras partes do próprio corpo sem derramar uma lágrima; outras, ao invés disso, choram desesperadamente, até mesmo por um pequeno arranhão na ponta do dedo ou em resposta a estímulos proprioceptivos, táteis, visuais ou sonoros geralmente bem tolerados pela maioria das crianças com desenvolvimento típico.

EXEMPLO DE TABELA DE OBSERVAÇÃO

	ESTIMULAÇÃO	REAÇÃO AO ESTÍMULO
Visão	Faz as rodas do caminhão de brinquedo girarem e as observa enquanto giram até que parem.	Enquanto observa as rodas girando, morde a mão direita.
Olfato	Pega um rabicó de cabelo da professora com as mãos e o cheira.	Sorri divertido.
Audição	Apoia o ouvido na cadeira e bate com os dedos na superfície.	Sacode as mãos violentamente.
Tato		
Paladar		
Nocicepção (resposta à dor)		
Propriocepção		
Equilíbrio		

15 TEM DIFICULDADE

de separar-se de alguns objetos

Porque esse objeto "especial" dá segurança à criança em contextos comprometedores ou estressantes.

Porque é agradável e gratificante observá-lo, manipular algumas de suas partes, tocá-lo, cheirá-lo e, às vezes, lambê-lo ou mordê-lo.

Porque a criança tem dificuldade de compreender que pode recuperá-lo posteriormente, mesmo se o perder (temporariamente) de vista.

O QUE FAZER

✓ Observem e avaliem se há interesses sensoriais particulares.

✓ Permitam-lhe manter o objeto consigo, quando isso não interferir nas atividades didáticas.

✓ Coloquem à disposição dela no ambiente diversos outros materiais que lhe agradem.

✓ Combinem com ela um lugar para guardar o objeto e depois retomá-lo ao término da atividade.

O QUE NÃO FAZER

✗ NÃO repreendam a criança por não levar consigo um objeto.

✗ NÃO a obriguem a deixar o objeto repentinamente.

✗ NÃO ofereçam o objeto novamente quando a criança aceitou se separar dele.

O que ter em mente

Muitas vezes, crianças com transtorno do espectro do autismo mostram um interesse persistente e excessivo por alguns objetos ou partes deles (botões, ponta do lápis, capuz do casaco). Elas podem apresentar um intenso apego a um pedaço de barbante, a um elástico ou a outros objetos que não são atrativos para as outras pessoas, ou ficar fascinados por determinados movimentos que os objetos fazem (rodas dos brinquedos que giram, abrir e fechar a porta, ventilador elétrico ou outros objetos que giram rapidamente).

Elas podem querer levar esses itens consigo para contextos onde eles não são necessários ou úteis (escola, piscina, campo de futebol), recusando-se a deixá-los em casa.

Para algumas crianças, é suficiente poder tê-los por perto ou ao alcance das mãos, sem que isso seja um obstáculo para as atividades didáticas ou às possibilidades de aprendizagem. Se, por outro lado, a presença do objeto interfere nas atividades, devemos combinar com a criança os tempos e as modalidades de uso, estruturando um verdadeiro contrato educativo.

Como intervir

○ Decidam com a criança, também por meio da agenda visual, quando ela pode utilizar seu objeto preferido e quando deve colocá-lo de volta na mochila. Gratifiquem-na sempre que ela respeitar as regras combinadas.

• Incentivem o brincar funcional com o objeto em questão, em vez de uma utilização estereotipada.

○ Ajudem os colegas a compreenderem que a criança não aceita emprestá-lo, pois, para ela, não é uma simples "coisa", mas sim um instrumento precioso para enfrentar as situações cotidianas.

Pacto educativo

Em casa e na escola, pode ser muito útil organizar o espaço da criança com gavetas ou recipientes marcados com uma foto/pictograma/objeto sempre visível para guardar os brinquedos/objetos preferidos. Desse modo, a criança pode aprender que os objetos não "desaparecem", mas podem ser recuperados no lugar onde foram guardados.

Também pode ser necessário combinar claramente com ela quais objetos podem ser levados a outros contextos e quais não, inclusive por meio da utilização de imagens e de histórias sociais.

Estruturação

Ajudem-na, por meio da organização do ambiente e dos espaços, e de uma boa agenda visual, a saber onde ela guardou suas coisas "preciosas", quando poderá pegá-las (p. ex., depois da atividade de escrita) e por quanto tempo poderá usá-las (p. ex., definindo um cronômetro). Ponham à disposição da criança materiais variados e diversificados para a brincadeira, que possam despertar sua curiosidade e ampliar seus interesses.

Os conselhos do especialista

Muitas vezes, esses comportamentos e esses apegos excêntricos criam desconforto e constrangimento aos pais e aos educadores, mais do que um obstáculo ao desenvolvimento das crianças. Portanto, tentemos parar e contar até dez antes de agir de modo pouco coerente ou inconsistente.

Nunca deixem de se <u>analisar</u> e de se <u>perguntar</u> o quanto as considerações de vocês podem ter sido, mesmo que involuntariamente, influenciadas pelos preconceitos, estereótipos, falsos mitos ou lugares comuns ligados ao autismo. Como vimos – cf. "10 coisas (+1) para saber sobre o autismo" no fim da *Introdução* (p. 29) –, eles são realmente muitos e arraigados, e é importante contribuir para desfazê-los, divulgando, o máximo possível, por ocasião de debates formais e informais com colegas e pais (reuniões, conversas etc.), informações cientificamente corretas.

CHECKLIST PARA OBSERVAÇÃO

Comportamentos, interesses, atividades

☑ *Interesses particulares.* Interesses particulares da criança, que podem ter um papel importante no ambiente escolar. Como podem ser valorizados?

☑ *Habilidades e talentos.* Habilidades e talentos extremamente singulares a serem reconhecidos e evidenciados.

☑ *Mudanças de rotina e imprevistos.* Situações, contextos e atividades em que vocês notam dificuldades específicas (ou pontos fortes) para enfrentar imprevistos ou mudanças de rotina.

☑ *Movimentos corporais estereotipados.* Presença de movimentos corporais estereotipados ou de posturas bizarras (caminhar na ponta dos pés, sacudir as mãos, parar em posições particulares).

☑ *Sensorialidade*

➜ *Hiper ou hipossensibilidade* a *inputs* sensoriais ou interesses particulares por aspectos sensoriais do ambiente (aparente indiferença à dor ou ao frio/calor, respostas de evitamento a sons específicos ou a aspectos táteis, atração por luzes, cheiros ou objetos).

➜ *Hiperseletividade alimentar.* Extrema restrição da gama de alimentos aprazíveis ou consumidos (algumas crianças podem aceitar comer apenas pouquíssimos alimentos, de uma certa consistência ou apenas de uma cor etc.).

☑ *Autonomia*

→ *Autonomias pessoais.* Lavar-se, vestir-se, assoar o nariz, comer o lanche, usar a colher e o garfo para comer à mesa, preparar a mochila, escrever as tarefas na agenda, fazer as tarefas em casa, comprar um lanche ou uma bebida na máquina, comprar um sanduíche no supermercado.

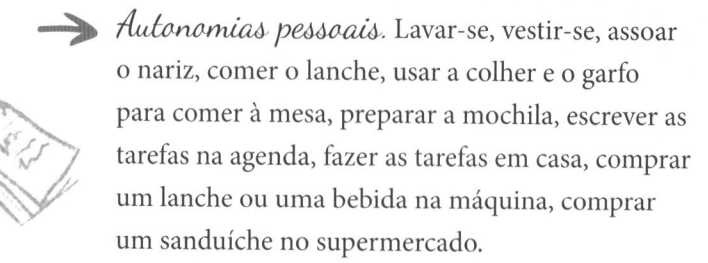

→ *Autonomias sociais.* Comportamentos adequados nos diversos <u>contextos sociais</u> (escola e comunidade) e nas relações.

→ *Autonomias de movimento.* Caminhar, correr, pegar o ônibus, ir ao encontro de pessoas e lugares desejados.

☑ *Personalidade.* Aspectos cognitivos e metacognitivos que favoreçem ou, ao contrário, impedem as autonomias, a ampliação dos interesses, uma atividade positiva em relação à tarefa.

→ *Senso de autoeficácia.* Convicção nas próprias capacidades de alcançar o sucesso na execução de uma tarefa, percepção de "ser capaz", capacidade de autorregular a própria aprendizagem, disponibilidade à autoavaliação e à autocrítica.

→ *Estilo atributivo.* Atitudes e convicções que a criança tem em relação à eficácia ou à utilidade do seu empenho: os resultados que obtém dependem dele ou dela, do seu empenho e capacidade ou da atitude dos outros (isto é, se o ajudaram/impediram) ou da sorte (*locus of control* interno ou externo)?

→ *Autoestima.* Conjunto de percepções, sentimentos de valor e avaliações em relação aos diversos aspectos da pessoa, que estão extremamente conectados a múltiplas dimensões e fatores: sucesso e popularidade entre os colegas, facilidade em fazer amizades, funcionalidades e estética do corpo, sucesso escolar, capacidade de controle emocional.

→ *Motivação.* Investimento espontâneo de energias dirigidas à meta pré-fixada, interesse pelos objetivos buscados, fatores internos (convicções e atitudes) e fatores externos (recompensas), situações e atividades de aprendizagem mais estimulantes.

☑ *Comportamentos problemáticos.* Eventual presença de comportamentos desadaptativos que criam danos (agressividade, autolesão, destruição de objetos), obstáculos à aprendizagem e à socialização ou que criam estigma social.

Anotações

REFERÊNCIAS

Educação inclusiva

DEMO, H. (2016). *Didattica aperta e inclusione*. Principi, metodologie e strumenti per insegnanti della scuola primaria e secondaria. Trento: Erickson.

DEMO, H. (org.) (2015). *Didattica delle differenze*. Proposte metodologiche per una classe inclusiva. Trento: Erickson.

IANES, D.; CRAMEROTTI, S.; SCAPIN, C. (2019). *Profilo di funzionamento su base ICF-CY e Piano Educativo Individualizzato*. Trento: Erickson.

SAVIA, G. (org.) (2016). *Universal Design for Learning*. La Progettazione Universale per l'Apprendimento per una didattica inclusiva. Trento: Erickson.

Para começo de conversa... o transtorno do espectro do autismo

NOTBOHM, E. (2015). *10 cose che ogni bambino con autismo vorrebbe che tu sapessi*. Trento: Erickson.

VICARI, S. (2016). *Nostro figlio è autistico*. Guida pratica per genitori dopo la diagnose. Trento: Erickson.

Para aprofundar... alguns aspectos específicos

BOGDASHINA, O. (2011). *Le percezioni sensoriali nell'autismo e nella síndrome di Asperger*. Piacenza: Uovonero Edizioni.

SILBERMAN, S. (2016). *Neurotribù*. I talenti dell'autismo e il futuro della neurodiversità. Milão: Edizioni LSWR.

Transtorno do espectro do autismo na escola: Aprendizagem, afetividade e autonomia

VV.AA. (2013). *Autismo a scuola*. Strategie efficaci per gli insegnanti – Le Guide Erickson. Trento: Erickson.

ADKINS, J.; LARKEY, S. (2015). *Matematica in pratica per bambini com autismo*. Attività su forme, categorie, sequenze, primi numeri e uso del denaro. Trento: Erickson.

ATTWOOD, T.; GARNETT, M. (2014). *Emozioni e sindrome di Asperger*. Educazione affettiva per bambini e ragazzi con sindrome di Asperger. Trento: Erickson.

HOWLIN, P.; BARON-COHEN, S.; HADWIN, J. (2003). *Teoria della mente e autismo*. Insegnare a comprendere gli stati psichici dell'altro. Trento: Erickson.

PONTIS, M. (2019). *Le checklist per l'autonomia*. Materiali per valutare e insegnare le abilità di autonomia nelle disabilità complesse. Trento: Erickson.

PONTIS, M. (org.) (2013). *Autismo e bisogni educativi speciali*. Approcci proattivi basati sull'evidenza per un'inclusione efficace. Milão: FrancoAngeli.

VIVANTI, G.; SALOMONE, E. (2016). *L'apprendimento nell'autismo*. Dalle nuove conoscenze scientifiche alle strategie di intervento. Trento: Erickson.

WROBEL, M. (2013). *Laboratorio autonomia nell'autismo*. Igiene, salute, sessualità. Trento: Erickson.

Estratégias e técnicas (CAA, suportes visuais, histórias sociais, análise funcional etc.)

AL-GHANI, K.I.; KENWARD, L. (2012). *Preparare alla scuola il bambino con autismo*. Strategie e materiali per un ingresso sereno alla primaria. Trento: Erickson.

BEUKELMAN, D.R.; MIRENDA, P. (2014). *Manuale di Comunicazione Aumentativa e Alternativa*. Interventi per bambini e adulti con complessi bisogni comunicativi. Trento: Erickson.

CAFIERO, J.M. (2009). *Comunicazione Aumentativa e Alternativa*. Strumenti e strategie per l'autismo e i deficit di comunicazione. Trento: Erickson.

CARR, E.G. (1998). *Il problema di comportamento è un messaggio*. Interventi basati sulla comunicazione per l'handicap grave e l'autismo. Trento: Erickson.

DIXON, J. (2008). *Facilitare la comunicazione nell'autismo*. Oltre 2600 immagini per comunicare a casa e a scuola. Trento: Erickson.

DYRBJERG, P.; VEDEL, M. (2008). *L'apprendimento visivo nell'autismo*. Come utilizzare facilitazioni e aiuti tramite immagini. Trento: Erickson.

GRAY, C. (2016). *Il nuovo libro delle Storie Sociali*. Promuovere le competenze relazionali in bambini e giovani adulti con autismo e síndrome di Asperger. Trento: Erickson.

GUTSTEIN, S.E.; SHEELY, R.K. (2005). *Sviluppare le relazioni nei disturbi autistici* – Vol. 2: Le attività di base modificate e autoregolazione, interazione in gruppo e creatività. Trento: Erickson.

MICHELI, E.; ZACCHINI, M. (2001). *Verso l'autonomia*. La metodologia TEACCH del lavoro indipendente al servizio degli operatori dell'handicap. Brescia: Vannini.

PELAGATTI, G.; COTTONE, F. (2011). *Insegnare ai bambini con disturbi dello spettro autistico*. Schede operative su lettere, numeri, forme e colori. Trento: Erickson.

ROSATI, S.; URBINATI, N. (2016). *Allenare le abilità socio-pragmatiche*. Storie illustrate per bambini con disturbi dello spettro autistico e altri deficit di comunicazione. Trento: Erickson.

SMITH, C. (2006). *Storie sociali per l'autismo*. Sviluppare le competenze interpersonali e le abilità sociali. Trento: Erickson.

Em primeira pessoa...

DE CLERCQ, H. (2011). *L'autismo da dentro*. Una guida pratica. Trento: Erickson.

_____. (2006). *Il labirinto dei dettagli*. Iperselettività cognitiva nell'autismo. Trento: Erickson.

GRANDIN, T. (2014). *Visti da vicino*. Il mio pensiero su autismo e síndrome di Asperger. Trento: Erickson.

_____. (2006). *Pensare in immagini e altre testimonianze della mia vita di autistica*. Trento: Erickson.

HANAU, C.; MARIANI CERATI, D. (org.) (2015). *Il nostro autismo quotidiano*. Storie di genitori e figli. Trento: Erickson [e-book].

SAINSBURY, C. (2012). *Un'aliena nel cortilhe*. Piacenza: Uovonero Edizioni.

WILLIAMS, D. (2002). *Nessuno in nessun luogo*. La straordinaria autobiografia di una ragazza autistica. Roma: Armando.

COLEÇÃO

O QUE
FAZER
(E O QUE)
EVITAR

Acesse

LIVRARIAVOZES.COM.BR/COLECOES/
O-QUE-FAZER-E-O-QUE-EVITAR

e veja a coleção completa

Conecte-se conosco:

 facebook.com/editoravozes

 @editoravozes

 @editora_vozes

 youtube.com/editoravozes

 +55 24 2233-9033

www.vozes.com.br

Conheça nossas lojas:

www.livrariavozes.com.br

Belo Horizonte – Brasília – Campinas – Cuiabá – Curitiba
Fortaleza – Juiz de Fora – Petrópolis – Recife – São Paulo

EDITORA VOZES LTDA.
Rua Frei Luís, 100 – Centro – Cep 25689-900 – Petrópolis, RJ
Tel.: (24) 2233-9000 – E-mail: vendas@vozes.com.br